Siedler

Buch

»Der neue Kapitalismus erzeugt eine durchgehende Unsicherheit, nicht nur bei den Verlierern, auch bei den Gewinnern geht jede Gewißheit verloren.« Das zukunftsorientierte Wirtschaften ist ganz auf Kurzfristigkeit und Elastizität angelegt. Dieses neue »Regime« fordert den flexiblen Menschen, der sich ständig neuen Aufgaben stellt und stets bereit ist, Arbeitsstelle, Arbeitsformen und Wohnort zu wechseln. Aber muß die Kurzfristigkeit des Wirtschaftens nicht in Konflikt geraten mit dem menschlichen Charakter, der auf Langfristigkeit, Verläßlichkeit und Entwicklung angewiesen ist? Wenn man keine Gewißheiten mehr hat, keine langjährigen Freundschaften und Verbindungen, entsteht das, was Richard Sennet »Drift« nennt, das ziellose und letztlich gleichgültige Dahintreiben.
Mit diesem schmalen, streitbaren Buch greift der große Soziologe und Kulturkritiker in die laufende Diskussion um die Auswirkungen einer globalen Ökonomie auch auf unsere Gesellschaft ein.

Autor

Richard Sennet, geboren 1943, lehrt Soziologie und Geschichte in New York und London. Er hat eine Reihe kulturhistorischer Bücher verfaßt. Berühmt wurde er mit seinem Titel »Verfall und Ende des öffentlichen Lebens. Die Tyrannei der Intimität« (1983). Außerdem: »Autorität« (1985), »Fleisch und Stein. Der Körper und die Stadt in der westlichen Zivilisation« (1995).

Richard Sennet

Der flexible Mensch

Die Kultur des neuen Kapitalismus

Aus dem Amerikanischen von Martin Richter

Siedler

Die Originalausgabe erschien 1998
unter dem Titel »The Corrosion of Character«
bei W. W. Norton, New York.

Umwelthinweis:
Alle bedruckten Materialien dieses Taschenbuches
sind chlorfrei und umweltschonend.
Das Papier enthält Recycling-Anteil

Siedler Taschenbücher erscheinen im Goldmann Verlag,
einem Unternehmen der Verlagsgruppe Bertelsmann.

1. Auflage
Vollständige Taschenbuchausgabe Januar 2000

Umschlaggestaltung: Design Team München
KF · Herstellung: Augustin Wiesbeck
Made in Germany
ISBN 3-442-75576-X

Dem Andenken Isaiah Berlins

Inhalt

Einleitung

Kapitalisten und Arbeiter gibt es schon lange, das Wort »Kapitalismus« selbst aber hat eine kurze Geschichte. Es tauchte erst im 19. Jahrhundert als Beschreibung eines Wirtschaftssystems auf. Überraschenderweise war es der Dichter Samuel Taylor Coleridge, der in seinem *Tabletalk* von 1823 zum ersten Mal von »Kapitalisten« sprach, die »Arbeiter zu ihrer Verfügung« hatten. Marx führte diesen Gedanken eine Generation später in den Begriffen des Besitzes an Produktionsmitteln, des Arbeitslohns und des Klassenkampfes aus. Erst um 1880 benutzten deutsche Sozialisten das Wort »Kapitalismus« in der Gewißheit, daß seine systematische Bedeutung in breiten Kreisen verstanden wurde.

Einmal in Umlauf, war das Wort ebenso wie sein Gegenstand großem Bedeutungswandel unterworfen, da sich das System, das es beschrieb, in moderner Zeit so radikal veränderte. Die Marxisten suchten mit dem Begriff »industrieller Kapitalismus« Coleridges Definition zu verbessern, die einfach nur sagen wollte, daß die Kapitalisten über »Arbeiter verfügten und Maschinen befehligten«, eine Beschreibung, die die Bedingungen vom späten 18. Jahrhundert bis zur Mitte des 19. Jahrhunderts durchaus erfaßte. Den postindustriellen Kapitalismus könnte man so definieren, daß die Kapitalisten nicht nur die Maschinen beherrschen, sondern auch das technische Wissen und die Kommunikation. Der Staatskapitalismus bezieht sich auf eine staatliche Kontrolle der Produktionsmittel, was sich bis zum Ende des 20. Jahrhunderts in vielen Teilen des Erdballs als Katastrophe herausgestellt hat.

Heute wird der Begriff »flexibler Kapitalismus« zunehmend gebraucht, um ein System zu beschreiben, das mehr ist als eine bloße Mutation eines alten Themas. Die Betonung liegt auf der Flexibilität. Starre Formen der Bürokratie stehen unter Beschuß, ebenso die Übel blinder Routine. Von den Arbeitnehmern wird verlangt, sich flexibler zu verhalten, offen für kurzfristige Veränderungen zu sein, ständig Risiken einzugehen und weniger abhängig von Regeln und förmlichen Prozeduren zu werden.

Die Betonung der Flexibilität ist dabei, die Bedeutung der Arbeit selbst zu verändern und damit auch die Begriffe, die wir für sie verwenden. »Karriere« zum Beispiel bedeutete ursprünglich eine Straße für Kutschen, und als das Wort schließlich auf die Arbeit angewandt wurde, meinte es eine lebenslange Kanalisierung für die ökonomischen Anstrengungen des einzelnen. Der flexible Kapitalismus hat die gerade Straße der Karriere verlegt, er verschiebt Angestellte immer wieder abrupt von einem Arbeitsbereich in einen anderen. Das Wort »job« bedeutete im Englischen des 14. Jahrhunderts einen Klumpen oder eine Ladung, die man herumschieben konnte. Die Flexibilität bringt diese vergessene Bedeutung zu neuen Ehren. Die Menschen verrichten Arbeiten wie Klumpen, mal hier, mal da.

Es ist nur natürlich, daß diese Flexibilität Angst erzeugt. Niemand ist sich sicher, wie man mit dieser Flexibilität umgehen soll, welche Risiken vertretbar sind, welchem Pfad man folgen soll. Um den Fluch vom Begriff »Kapitalismus« zu nehmen, wurden im letzten Jahrhundert viele Umschreibungen kreiert, wie »freies Unternehmertum« oder »marktwirtschaftliches System«. Heute wird der Begriff Flexibilität in diesem Sinne gebraucht. Mit dem Angriff auf starre Bürokratien und mit der Betonung des Risikos beansprucht der flexible Kapitalismus, den Menschen, die kurzfristige Arbeitsverhältnisse eingehen, statt der geraden Linie einer Laufbahn im alten Sinne zu folgen, mehr Freiheit zu geben, ihr Leben zu gestalten. In Wirklichkeit schafft das neue Regime neue Kontrollen, statt die alten Regeln einfach zu beseitigen – aber diese neuen Kontrollen sind schwerer zu durchschauen.

Vielleicht der verwirrendste Aspekt der Flexibilität ist ihre Auswirkung auf den persönlichen Charakter. In der Geistesgeschichte bis zurück in die Antike gibt es kaum einen Zweifel an der Bedeutung des Wortes Charakter: es ist der ethische Wert, den wir unseren eigenen Entscheidungen und unseren Beziehungen zu anderen zumessen. Horaz hat geschrieben, daß der Charakter eines Menschen von seinen Verbindungen zur Welt abhängt. In diesem Sinne ist Charakter ein umfassenderer Begriff als sein moderner Nachkomme, die Persönlichkeit, bei der es auch um Sehnsüchte und Gefühle im Inneren geht, die niemand anderes erkennt.

Der Charakter konzentriert sich insbesondere auf den langfristigen Aspekt unserer emotionalen Erfahrung. Charakter drückt sich durch Treue und gegenseitige Verpflichtung aus oder durch die Verfolgung langfristiger Ziele und den Aufschub von Befriedigung um zukünftiger Zwecke willen. Aus der wirren Vielfalt von Empfindungen, mit der wir alle uns jederzeit herumzuschlagen haben, wählen wir einige aus und versuchen sie aufrechtzuerhalten. Diese nachhaltigen

Züge werden zum Charakter, es sind die Merkmale, die wir an uns selbst schätzen und für die wir den Beifall und die Zuwendung der anderen suchen.

Wie aber können langfristige Ziele verfolgt werden, wenn man im Rahmen einer ganz auf das Kurzfristige ausgerichteten Ökonomie lebt? Wie können Loyalitäten und Verpflichtungen in Institutionen aufrechterhalten werden, die ständig zerbrechen oder immer wieder umstrukturiert werden? Wie bestimmen wir, was in uns von bleibendem Wert ist, wenn wir in einer ungeduldigen Gesellschaft leben, die sich nur auf den unmittelbaren Moment konzentriert? Dies sind die Fragen zum menschlichen Charakter, die der neue flexible Kapitalismus stellt.

Vor einem Vierteljahrhundert schrieb ich mit Jonathan Cobb ein Buch über amerikanische Arbeiter, *The Hidden Injuries of Class*. In *Der flexible Mensch* habe ich einige der gleichen Fragen über die persönliche Arbeitserfahrung wieder aufgenommen, aber in einer Wirtschaft, die sich radikal gewandelt hat. In *The Hidden Injuries of Class* stützten Jonathan Cobb und ich uns ausschließlich auf förmliche Interviews. Hier habe ich verschiedenartigere Quellen benutzt, wie es einem Essay gebührt: ökonomische Daten, historische Darstellungen, Sozialtheorien; ich habe außerdem ähnlich wie ein Anthropologe das Alltagsleben um mich herum erforscht.

Zwei Dinge sollte ich diesem Text vorausschicken. Der Leser wird häufig philosophische Ideen auf die konkrete Erfahrung von Individuen angewandt oder an dieser gemessen finden. Ich tue dies guten Gewissens: eine Idee muß das Gewicht der konkreten Erfahrung aushalten, sonst wird sie zur bloßen Abstraktion. Zweitens habe ich die Identität der

Personen stärker verschleiert als bei direkten Interviews üblich, so daß es zu Veränderungen von Zeit und Ort, mitunter der Bündelung mehrerer Stimmen zu einer oder der Aufspaltung einer in viele Stimmen kommt. Diese Verschleierungen beanspruchen das Vertrauen des Lesers, aber nicht die Art von Vertrauen, die ein Romancier durch eine abgerundete Erzählung zu gewinnen sucht, denn diese Kohärenz gibt es jetzt in realen Lebensläufen nicht mehr. Meine Hoffnung ist, daß ich den Sinn dessen, was ich gehört habe, präzise wiedergegeben habe, wenn schon nicht dessen genaue Umstände.

Alle Anmerkungen stehen am Ende des Essaytextes. Ich habe auch einige statistische Tabellen hinzugefügt, die Arturo Sanchez und ich erarbeitet haben.

Von Jonathan Cobb habe ich vor einem Vierteljahrhundert eine Menge über die Arbeitswelt gelernt, und diese Erkenntnisse sind mir geblieben. Ich habe dieses Thema auf Drängen von Garrick Utley wiederaufgenommen und bin dabei von Bennett Harrison, Christopher Jencks und Saskia Sassen unterstützt worden. *Der flexible Mensch* versucht einige persönliche Auswirkungen dessen zu verstehen, was sie über die moderne Wirtschaft herausgefunden haben. Meinem studentischen Mitarbeiter Michael Laskawy danke ich für geistige Anregungen sowie für die Geduld, mit der er die praktischen Aspekte von Forschung und Publikation gemeistert hat.

Kern dieser Studie ist die Darwin Lecture 1996 an der Universität Cambridge. Das Center for Advanced Study in the Behavioral Sciences bot mir die Muße, dieses Buch zu schreiben. Donald Lamm und Alane Mason vom Verlag W. W. Norton gaben mir den guten Rat, meine Prosa auf Diät zu setzen; Arnulf Conradi und Elisabeth Ruge vom Berlin Verlag halfen mir beim Abschmecken der Zutaten.

Kapitel 1

Drift

Vor kurzem traf ich jemanden auf dem Flughafen, den ich seit fünfzehn Jahren nicht gesehen hatte. Ich hatte den Vater von Rico (wie ich ihn im folgenden nennen werde) vor einem Vierteljahrhundert für mein Buch über amerikanische Arbeiter, *The Hidden Injuries of Class*, interviewt. Enrico arbeitete damals als Hausmeister und setzte große Hoffnungen in seinen Sohn, einen aufgeweckten, sportlichen Jungen, der gerade in die Pubertät kam. Als mein Kontakt zu seinem Vater zehn Jahre später abbrach, hatte Rico gerade das Studium abgeschlossen. In der Flughafenlounge sah Rico aus, als habe er die Träume seines Vaters verwirklicht. Er hatte einen Computer in einem eleganten Lederköfferchen dabei, trug einen Anzug, den ich mir nicht hätte leisten können, und an seinem Finger steckte ein dicker Siegelring mit Wappen.

Bei unserer ersten Begegnung hatte Enrico seit zwanzig Jahren in einem innerstädtischen Bürogebäude Toiletten geputzt und Fußböden gewischt. Er tat es ohne Murren, aber er machte sich auch keine Illusionen, den Amerikanischen Traum auszuleben. Seine Arbeit hatte ein einziges und dauerhaftes Ziel, den Dienst an seiner Familie. Er hatte fünfzehn Jahre gebraucht, um das Geld für ein Haus zusammenzusparen, das er in einem Vorort von Boston kaufte, und löste dadurch die Bindungen an seine alte italienische Umgebung, denn ein Haus in den Vororten war besser für die Kinder. Dann nahm seine Frau Flavia eine Stelle in einer chemischen Reinigung an; als ich Enrico 1970 begegnete, sparten beide für das Studium ihrer zwei Söhne.

Am stärksten war mir an Enrico und seiner Generation aufgefallen, wie linear die Zeit in ihrem Leben verlief: Jahr um Jahr gingen sie Arbeiten nach, die sich von Tag zu Tag kaum unterschieden. Entlang dieser Zeitlinie war der Erfolg kumulativ: Enrico und Flavia überprüften jede Woche das Anwachsen ihrer Ersparnisse und maßen ihr häusliches Leben an den verschiedenen Verbesserungen und Anschaffungen für ihr Holzhaus im Ranchstil. Schließlich war auch die Zeit, in der sie lebten, berechenbar. Die Umwälzungen der Weltwirtschaftskrise und des Zweiten Weltkriegs waren vorüber und ihre Arbeitsplätze durch Gewerkschaften geschützt; obwohl Enrico erst vierzig Jahre alt war, als ich ihn traf, wußte er schon genau, wann er in Rente gehen und über wieviel Geld er dann verfügen würde.

Zeit ist die einzige Ressource, die den Menschen am unteren Rand der Gesellschaft frei zur Verfügung steht. Um seine Zeit nutzbringend anzulegen, brauchte Enrico das, was Max Weber ein »Gehäuse« nannte, eine bürokratische Struktur, die den Gebrauch der Zeit rationalisierte. In Enricos Fall stellten das ans Dienstalter geknüpfte Lohnsystem seiner Gewerkschaft und die Regelung seiner staatlichen Pension dieses Gerüst dar. Da er zu diesen Hilfsmitteln seine eigene Selbstdisziplin hinzufügte, ging das Ergebnis über das Wirtschaftliche hinaus.

Er formte sich eine klare Lebensgeschichte, innerhalb derer sich seine Erfahrung materiell und psychisch ansammelte; so wurde ihm sein Leben als lineare Erzählung verständlich. Obwohl ein Snob Enrico als uninteressant abtun könnte, erlebte dieser die Jahre als dramatische Geschichte, die von Reparatur zu Reparatur, von Ratenzahlung zu Ratenzahlung verlief. Der Hausmeister hatte das Gefühl, zum Autor seines Lebens zu werden, und obwohl er der Unterschicht angehörte, gab ihm dieser Erzählrahmen eine hohe Selbstachtung.

Trotz ihrer Klarheit war Enricos Lebensgeschichte nicht simpel. Für mich war besonders erstaunlich, wie Enrico die Welten seiner alten Einwanderergemeinschaft und seines neuen, neutralen Lebens in den Vororten verband. Unter seinen Vorortnachbarn in ihren Holzhäusern lebte er als ruhiger, unauffälliger Bürger, kam er jedoch in seine alte Umgebung zurück, so genoß er als jemand, der es draußen zu etwas gebracht hatte, sehr viel mehr Aufmerksamkeit. Er war ein angesehener, erfolgreicher Familienvater, der jeden Sonntag zur Messe zurückkam und danach zum Lunch und zum Kaffeeklatsch blieb. Von denen, die ihn lange genug kannten, um seine Geschichte zu verstehen, wurde er als unverwechselbarer Mensch anerkannt; von seinen neuen Nachbarn wurde er auf anonymere Weise als jemand respektiert, der wie alle anderen auch sein Haus und seinen Garten pflegte und ein unauffälliges Leben führte. Das dichte Gewebe von Enricos persönlicher Erfahrung kam dadurch zustande, daß er auf beide Arten anerkannt war, je nachdem, in welcher Gemeinschaft er sich befand: er gewann zwei Identitäten aus einem Zeitablauf.

Wäre die Welt ein glücklicher und gerechter Ort, so würden die Menschen, die soziales Prestige genießen, das ihnen verliehene Ansehen in gleichem Maße zurückgeben. Dies war Fichtes Vorstellung in der *Grundlage des Naturrechts*, wo er von der »Wechselwirkung« der Anerkennung spricht. Im wirklichen Leben geht es jedoch weniger großzügig zu.

Enrico mochte keine Schwarzen, obwohl er über viele Jahre friedlich Seite an Seite mit schwarzen Hausmeistern gearbeitet hatte; er mochte keine Ausländer, die nicht aus Italien stammten, etwa die Iren, obwohl sein eigener Vater kaum ein Wort Englisch sprach. Er erkannte keine Existenzkämpfe von Menschen anderer Nationalität an, er hatte keine Klassenverbündeten. Am meisten waren Enrico jedoch Menschen aus der Mittelschicht zuwider. Er sagte, wir behandelten ihn, als wäre er unsichtbar, »wie eine Null«. Das Ressentiment des Hausmeisters wurde durch die Befürchtung kompliziert, seine mangelnde Bildung und sein niedriger Status gäben uns insgeheim das Recht dazu. Seine eigene stete Beharrlichkeit, seinen Stolz entwickelte er aus dem Gegensatz zum klagenden Selbstmitleid der Schwarzen, dem unfairen Eindringen von Ausländern und den unverdienten Privilegien der Bourgeoisie.

Obwohl Enrico das Gefühl hatte, ein gewisses Maß an gesellschaftlichem Ansehen erreicht zu haben, wollte er nicht, daß sein Sohn Rico sein eigenes Leben wiederholte. Der Amerikanische Traum vom sozialen Aufstieg der Kinder war für meinen Freund ein machtvoller Antrieb. »Ich versteh kein Wort von dem, was er sagt«, prahlte Enrico mehrere Male vor mir, wenn Rico nach der Schule seine Mathematikaufgaben machte. Ich hörte viele andere Eltern von Söhnen und Töchtern wie Rico etwas wie »ich verstehe ihn nicht« mit härterem Ton sagen, als hätten ihre Kinder sie im Stich gelassen. Jeder Mensch bricht in irgendeiner Weise aus dem Rahmen aus, der ihm in der Erzählung der Eltern angewiesen ist, aber sozialer Aufstieg gibt diesem Weg eine besondere Wendung. Die jungen Leute, die ich in Boston kennenlernte, während sie die soziale Leiter emporkletterten, verrieten manchmal Scham über die Arbeitersprache und die ungeschliffenen Manieren ihrer Eltern, häufiger aber empfanden sie das endlose Umdrehen jedes Pennys und die Einteilung der Zeit in winzige Schritte als erstickend. Diese begünstigten Kinder wollten eine weniger eingeschränkte Lebensreise antreten.

Dank der Zufallsbegegnung auf dem Flughafen hatte ich nun nach vielen Jahren die Gelegenheit zu sehen, was aus Enricos Sohn geworden war. Ich muß gestehen, daß er mir in der Flughafenlounge nicht besonders gefiel. Ricos teurer Anzug war vielleicht bloß eine Geschäftsuniform, aber der Siegelring mit Wappen – ein Abzeichen privilegierter Herkunft – schien zugleich eine Lüge und eine Verleugnung seines Vaters zu sein. Die Umstände führten Rico und mich jedoch auf einem langen Flug zusammen. Ich sollte dazu sagen, daß es keine dieser amerikanischen Reisen war, auf der ein Fremder einem sein Herz ausschüttet, dann bei der Landung sein Gepäck zusammenrafft und für immer verschwindet. In der Maschine setzte ich mich ohne Aufforderung neben Rico und mußte in der ersten Stunde des langen Fluges von New York nach Wien jede Antwort geradezu aus ihm herausziehen.

Ich erfuhr, daß Rico den Wunsch seines Vaters nach sozialem Aufstieg zwar erfüllt, aber sich zugleich von dessen Prinzipien abgewandt hat. Rico verachtet Leute, die »Dienst nach Vorschrift« machen und den Schutz einer Bürokratie suchen; statt dessen ist er der Überzeugung, man müsse offen für Veränderungen sein und Risiken eingehen. Und er hat Erfolg gehabt. Während Enricos Lohn im unteren Viertel der Einkommensskala lag, kletterte Rico in die oberen fünf Prozent.

Dennoch hat diese Geschichte für ihn kein wirkliches Happyend.

Nachdem er in Boston Elektrotechnik studiert hatte, ging Rico an eine Business School in New York. Dort heiratete er eine Kommilitonin, eine junge Protestantin aus einer bessergestellten Familie. Das Studium bereitete das junge Paar darauf vor, häufig umzuziehen und ihre Stellen zu wechseln, und das haben sie getan. Seit dem Abschluß ist Rico innerhalb von vierzehn Arbeitsjahren viermal umgezogen. Diese Saga hat indessen eine spezifisch moderne Wendung.

Rico begann in den frühen, berauschenden Tagen der Computerindustrie im Silicon Valley als technischer Berater einer High-Tech-Firma, die mit »Venture capital« aufgebaut worden war, und ging dann nach Chicago, wo er ebenfalls erfolgreich war. Der nächste Umzug diente dann der Karriere seiner Frau Jeannette. Wäre Rico eine vom Ehrgeiz getriebene Figur aus den Romanen Balzacs, so hätte er so etwas nie getan, denn diese Neuorientierung brachte ihm kein höheres Gehalt, und er verließ die Brennpunkte der High-Tech-Entwicklung zugunsten eines ruhigeren, wenn auch grünen Büroparks in Missouri. Sein Vater Enrico hatte sich noch ein wenig geschämt, als Flavia arbeiten ging; Rico sieht Jeannette als gleichberechtigt arbeitende Partnerin an und hat sich ihr angepaßt. Zu diesem Zeitpunkt, als Jeannettes Karriere nach oben wies, bekam das Paar ihre Kinder.

In dem Büropark in Missouri holten die Ungewißheiten der neuen Ökonomie den jungen Mann ein. Während seine Frau befördert wurde, fiel Ricos Stelle einer Umstrukturierung zum Opfer – seine Firma wurde von einer größeren geschluckt, die ihre eigenen Analysten besaß. Also zog das Paar zum vierten Mal um, zurück in die Nähe von New York.

Jeannette leitet jetzt ein großes Team von Buchhaltern, Rico hat eine eigene kleine Consultingfirma gegründet.

Trotz ihres relativen Wohlstands und obwohl sie das Modell eines anpassungsfähigen, einander unterstützenden Ehepaares zu sein scheinen, leiden beide, Mann und Frau, unter der Angst, die Kontrolle über ihr Leben zu verlieren. Diese Angst ist sozusagen in ihre Arbeitsgeschichte eingebaut.

In Ricos Fall geht es bei dieser Angst zunächst um etwas ganz Einfaches. Er mußte sich auf eine fremdbestimmte Zeiteinteilung einlassen. Als er seinen Kollegen und Bekannten erzählte, er werde eine Consultingfirma eröffnen, wurde er von den meisten bestärkt; Consulting gilt als Weg zur Unabhängigkeit. Am Anfang war er jedoch zu vielen einfachen Tätigkeiten gezwungen, die früher andere für ihn erledigt hatten, zum Beispiel dem Fotokopieren. Er sah sich nun einem sich ständig wandelnden Netz von Geschäftsbeziehungen unterworfen: jeder Anruf mußte beantwortet, noch die flüchtigste Bekanntschaft ausgebaut werden. Um Aufträge zu bekommen, ist er von der Tagesordnung von Personen abhängig geworden, die in keiner Weise gezwungen sind, auf ihn einzugehen. Wie andere Berater möchte er nach Verträgen arbeiten, welche seine Aufgaben präzise festlegen; diese Verträge sind nach seinen Worten jedoch weitgehend fiktiv. Ein Berater muß sich gewöhnlich den wechselnden Launen oder Ideen seiner Kunden anpassen; Rico hat keine feste Rolle in einer Institution, die es ihm erlauben würde, zu anderen zu sagen: »Dies ist meine Aufgabe, hierfür bin ich verantwortlich.«

Jeannettes Mangel an Kontrolle ist subtiler. Die Buchhaltergruppe unter ihrer Leitung setzt sich aus Menschen zusammen, die zu Hause arbeiten, anderen, die gewöhnlich im

Büro sitzen, und einer Phalanx kleiner Angestellter, die 1500 Kilometer entfernt und mit ihr durch das Computerkabel verbunden sind. In ihrer Firma werden die Buchhalter, die zu Hause arbeiten, durch strikte Regeln sowie durch Telefon- und E-Mail-Überwachung kontrolliert. Um die Arbeit der 1500 Kilometer entfernten Angestellten zu leiten, kann sie keine direkten, persönlichen Entscheidungen treffen, vielmehr muß sie ihnen schriftlich festgelegte Richtlinien geben. Diese scheinbar flexible Arbeitsweise hat nicht zu weniger, sondern zu mehr Bürokratie geführt, und ihre Anweisungen haben weniger Autorität als zu der Zeit, da sie Arbeitskräfte beaufsichtigte, die alle zur selben Zeit in einem Büro saßen.

Wie gesagt, ich war zunächst nicht bereit, viel Mitgefühl für dieses Paar zu empfinden, das den Amerikanischen Traum so perfekt zu verkörpern schien. Als Rico und mir das Essen serviert wurde und seine Erzählung eine persönlichere Färbung annahm, wuchs jedoch meine Sympathie. Es stellte sich heraus, daß seine Angst, die Kontrolle zu verlieren, sehr viel tiefer ging als die Besorgnis, bei seiner Arbeit weniger Autorität zu besitzen. Es ging ihm um sein Gefühlsleben. Er befürchtete, durch seinen Lebensstil, den der Konkurrenzkampf in der modernen Wirtschaft erzwingt, jede innere Sicherheit zu verlieren, in einen Zustand des Dahintreibens zu geraten.

Rico sagte mir, daß er und Jeannette meist unter ihren Arbeitskollegen Freunde gefunden und viele dieser Freundschaften sich während der Ortswechsel der letzten zwölf Jahre wieder aufgelöst hätten, »obwohl wir ›in Verbindung‹ bleiben«. Rico versucht über elektronische Kommunikationsmittel jenes Gemeinschaftsgefühl herzustellen, das Enrico an den Versammlungen der Hausmeistergewerkschaft so schätzte, doch der Sohn findet die On-line-Kommunikation kurz und gehetzt. »Es ist wie mit den Kindern: wenn man nicht da ist, kriegt man alles, was passiert, nur erzählt, man ist nicht wirklich dabei.«

Bei jedem seiner vier Umzüge haben Ricos neue Nachbarn sein Kommen als eine Ankunft betrachtet, die frühere Kapitel seines Lebens abschloß. Sie fragen ihn Dinge über Silicon Valley oder den Büropark in Missouri, aber nach Ricos Worten »*sehen* sie keine anderen Orte«, ihre Vorstellungskraft ist nicht in Anspruch genommen. Dies ist eine spezifisch amerikanische Furcht. Die klassische amerikanische »suburbia« war eine Schlafstadt. Aber in der letzten Generation ist eine andere Art der Vorstadt entstanden, die vom Stadtkern ökonomisch unabhängig ist. Dies sind aber auch nicht wirklich Kleinstädte oder Dörfer, sondern Neubausiedlungen, die der Zauberstab eines Bauträgers ins Leben gerufen hat. Sie blühen auf und beginnen noch in der Lebensspanne einer Generation wieder zu verfallen. Diese Gemeinden sind nicht ohne Geselligkeit oder gutnachbarliches Verhalten, aber niemand in ihnen wird auf längere Zeit zum Zeugen des Lebens seiner Nachbarn.

Die Flüchtigkeit von Freundschaft und örtlicher Gemeinschaft ist der Hintergrund für die tiefste von Ricos Sorgen, seine Familie. Wie sein Vater Enrico betrachtet Rico die Arbeit als Dienst an seiner Familie. Im Gegensatz zu diesem kollidieren aber die Ansprüche seiner Arbeit mit diesem Ziel. Zuerst meinte ich, er spreche über den nur allzu bekannten Konflikt zwischen Arbeitsanspruch und Zeit für die Familie. »Wir kommen um sieben nach Hause, essen zusammen, versuchen eine Stunde Zeit für die Hausaufgaben der Kinder zu haben und machen dann unseren eigenen Papierkram.« Als seine Consultingfirma einmal mehrere Monate lang auf der Kippe stand, »war es, als würde ich meine Kinder nicht mehr kennen«. Er macht sich Sorgen wegen der Anarchie, in die seine Familie regelmäßig versinkt, und darüber, daß er seine Kinder vernachlässige, deren Bedürfnisse sich nicht in die Ansprüche, die der Beruf an ihn stellt, hineinprogrammieren lassen.

Ich versuchte ihn zu beruhigen; meine Frau, mein Stiefsohn und ich hätten ein ähnlich hektisches Leben ausgehalten und gut überstanden. »Sei nicht zu streng mit dir selbst«, sagte ich, »daß du dir so viele Gedanken machst, zeigt, daß du alles für deine Familie tust, was du kannst.« Er reagierte warm und dankbar darauf, aber ich hatte ihn mißverstanden.

Ich wußte bereits, daß Rico als Junge unter Enricos Autorität gelitten hatte; er hatte mir erzählt, er habe sich von den kleinkarierten Regeln erdrückt gefühlt, die das Leben des Hausmeisters bestimmten. Nun, da er selber Vater ist, verfolgen ihn modernere Schrecken des Kontrollverlustes, besonders die Furcht, seine Kinder könnten »Mall-Ratten« werden, die nachmittags ziellos auf den Parkplätzen von Einkaufszentren herumhängen, während die Eltern unerreichbar in ihren Büros sitzen.

Aus diesem Grund will er seinem Sohn und seinen Töchtern ein Beispiel an Entschlußkraft und Rechtschaffenheit geben, »aber man kann Kindern nicht einfach sagen, sie sollen so sein«, er muß ihnen ein Beispiel sein. Das objektive Beispiel, das er geben könnte, sein sozialer Aufstieg, ist etwas, das sie als selbstverständlich ansehen, eine Geschichte aus einer Vergangenheit, die nicht die ihre ist, ein abgeschlossenes Kapitel. Seine tiefste Befürchtung ist aber, der Inhalt seiner Arbeit könne für seine Kinder kein Beispiel moralischen Verhaltens abgeben. Die Qualitäten guter Arbeit haben mit den Eigenschaften guten Charakters nichts zu tun.

Wie mir später klar wurde, ist der Grund für die Intensität dieser Furcht ein Bruch zwischen Enricos und Ricos Generationen. Ökonomen, Manager und Wirtschaftsjournalisten betrachten den globalen Markt und den Gebrauch neuer Technologien als die Merkmale des neuen Kapitalismus. Das ist sicher richtig, unterschlägt aber eine andere Dimension des Wandels: die neuen Formen der Zeit-, besonders der Arbeitszeitorganisation.

Das sichtbarste Zeichen dieses Wandels könnte das Motto »nichts Langfristiges« sein. In der Arbeitswelt ist die traditionelle Laufbahn, die Schritt für Schritt die Korridore von ein oder zwei Institutionen durchläuft, im Niedergang begriffen. Dasselbe gilt für das Hinreichen einer einzigen Ausbildung für ein ganzes Berufsleben. Heute muß ein junger Amerikaner mit mindestens zweijährigem Studium damit rechnen, in vierzig Arbeitsjahren wenigstens elfmal die Stelle zu wechseln und dabei seine Kenntnisbasis wenigstens dreimal auszutauschen.

Ein leitender Angestellter von A. T. T. betont, das Motto »nichts Langfristiges« verändere die Definition der Arbeit selbst:

> Bei A.T. T. müssen wir das Konzept einer fluktuierenden Belegschaft voranbringen, obwohl die meisten Arbeitskräfte innerhalb unserer Gebäude sitzen. »Stellen« werden durch »Projekte« und »Arbeitsfelder« ersetzt.[1]

Die Unternehmen haben auch viele Aufgaben, die sie früher selbst erledigten, an kleine Firmen und Einzelpersonen mit kurzfristigen Verträgen übertragen. Der am schnellsten expandierende Bereich des amerikanischen Arbeitsmarkts besteht aus Menschen, die für Zeitarbeitsagenturen arbeiten.[2]

»Die Leute sind wild auf Veränderungen«, meint der Managementguru James Champy, denn »der Markt ist womöglich so ›nachfrageorientiert‹ wie nie zuvor in der Geschichte«.[3] Der Markt ist nach dieser Auffassung zu dynamisch, als daß man Jahr für Jahr etwas auf dieselbe Art oder daß man dieselbe Sache tun könnte. Der Wirtschaftswissenschaftler Bennett Harrison glaubt, die Ursache dieses Hungers nach Veränderung sei das »ungeduldige Kapital«, der Wunsch nach rascher Rendite; so hat sich zum Beispiel die durchschnittliche Zeitspanne, die Aktien an den britischen und amerikanischen Börsen gehalten wurden, in den letzten fünf bis zehn Jahren um 60% verkürzt. Der Markt glaubt, eine rasche Marktrendite komme am besten durch raschen institutionellen Wandel zustande.

Die vom neuen System attackierte »langfristige« Ordnung war selbst kurzlebig, sie umfaßte die Jahrzehnte in der Mitte des 20. Jahrhunderts. Der Kapitalismus des 19. Jahrhunderts taumelte an den Börsen und bei irrationalen Investitionen von Katastrophe zu Katastrophe, die wilden Ausschläge des Wirtschaftszyklus gaben den Menschen wenig Sicherheit. In Enricos Generation wurde diese Unordnung nach dem Zweiten Weltkrieg in den am weitesten entwickelten Wirtschaften zum Teil unter Kontrolle gebracht; starke Gewerkschaften, die Garantien des Wohlfahrtsstaats und große Unternehmen schufen gemeinsam eine Ära relativer Stabilität. Diese Spanne von vielleicht dreißig Jahren ist die nun von der neuen Zeitordnung in Frage gestellte »stabile Vergangenheit«.

Dieses neue Regime der kurzfristigen Zeit ist von einem Wandel der modernen Unternehmensstruktur begleitet. Die Unternehmen haben versucht, ihre Bürokratien abzubauen und flachere und flexiblere Organisationen zu werden.

»Netzwerkartige Gliederungen sind weniger schwerfällig« als Befehlspyramiden, sagt der Soziologe Walter Powell, »sie lassen sich einfacher auflösen oder umorganisieren als starre Hierarchien.«[4] Flexible Institutionen sind leichter zu verändern oder abzuschaffen; ihre Lebensdauer läßt sich verkürzen.

Ein leitender Angestellter von IBM sagte Powell einmal, das flexible Unternehmen »müsse ein Archipel verknüpfter Handlungen werden«.[5] Der Archipel ist ein treffendes Bild für die Kommunikation innerhalb von Netzwerken, eine Kommunikation wie die Reise zwischen Inseln – aber dank der modernen Technologie mit Lichtgeschwindigkeit. Der Computer war der Schlüssel zur Ablösung der langsamen und gehemmten Kommunikation, die in traditionellen Befehlsketten vor sich geht. Der am schnellsten wachsende Teil des Arbeitsmarktes, Dienstleistungen im Computer- und EDV-Bereich, ist der Bereich, in dem Rico und Jeannette arbeiten, aber der Computer hat nahezu jeden Aspekt der Arbeit durchdrungen und wird auf allen Ebenen auf viele verschiedene Arten genutzt. (Siehe die statistischen Daten in Tabelle 1 und 7.)

Aus all diesen Gründen ist Enricos Erfahrung einer langfristigen, erzählbaren Zeit in festen Bahnen überholt. Was sein Sohn Rico mir – und vielleicht sich selbst – im Flugzeug zu erklären versuchte, ist, daß die materiellen Veränderungen, die sich in dem Motto »nichts Langfristiges« verkörpern, für ihn nicht funktionieren, aber nicht professionell, sondern als Regeln für das persönliche ethische Verhalten, insbesondere auf sein Familienleben bezogen.

Betrachten wir den Aspekt Verpflichtung und Loyalität. »Nichts Langfristiges« ist ein verhängnisvolles Rezept für die

Entwicklung von Vertrauen, Loyalität und gegenseitiger Verpflichtung. Vertrauen kann natürlich etwas rein Förmliches sein, wenn Personen sich etwa nach einem Geschäftsabschluß die Hand schütteln oder sich darauf verlassen, daß der andere die Regeln eines Spiels anerkennt. Aber emotional tiefergehende Erfahrungen von Vertrauen sind gewöhnlich weniger förmlich, zum Beispiel wenn Menschen lernen, auf wen sie sich bei einer schwierigen Aufgabe verlassen können. Solche sozialen Bindungen brauchen Zeit, um sich zu entwickeln und in den Nischen und Spalten von Institutionen Wurzeln zu schlagen.

Der kurze Zeitrahmen moderner Institutionen begrenzt das Reifen formlosen Vertrauens. Eine besonders markante Erschütterung des Gemeinschaftsgefühls tritt oft ein, wenn neue Firmen verkauft werden. Bei Neugründungen setzen sich die Mitarbeiter häufig über das gebotene Maß hinaus ein. Wenn dann die Firma an die Börse geht und die Besitzer Kasse machen, fühlen sich die mittleren Angestellten im Stich gelassen. Wenn ein Unternehmen, ob nun alt oder neu, als ein flexibles, lockeres Netzwerk operiert, statt durch eine rigide Befehlsstruktur, so kann das ebenfalls soziale Beziehungen der Firmenangehörigen schwächen. Der Soziologe Mark Granovetter schreibt, moderne institutionelle Netzwerke seien durch »die Stärke schwacher Bindungen« gekennzeichnet, womit er zum einen meint, daß flüchtige Formen von Gemeinsamkeit den Menschen nützlicher seien als langfristige Verbindungen, zum anderen, daß starke soziale Bindungen wie Loyalität ihre Bedeutung verloren hätten.[6] Diese schwachen Bindungen verkörpern sich in der Teamarbeit, bei der sich das Team mit wechselnder Zusammensetzung von Aufgabe zu Aufgabe bewegt.

Im Gegensatz dazu hängen starke Bindungen von langem Zusammenhalt ab. Darüber hinaus sind sie von der Loyalität gegenüber den Institutionen abhängig, innerhalb derer die Menschen leben und arbeiten. Angesichts der Dominanz kurzfristiger, schwacher Bindungen rät Professor John Kotter von der Harvard Business School jungen Menschen, »eher außerhalb als innerhalb« von Organisationen zu arbeiten. Er empfiehlt das »Consulting« von außen, statt sich in einer langfristigen Anstellung zu »verfangen«. In einer Wirtschaft, in der »Geschäftskonzepte, Produktdesign, Vorsprung vor der Konkurrenz, Kapitalausstattung und alle Arten von Wissen eine kürzere Lebenserwartung haben«, sei Loyalität zu einer Institution eine Falle.[7] Ein Consultant, der vor kurzem eine Entlassungswelle bei IBM moderierte, erklärt, sobald Angestellte »verstehen [daß sie sich nicht auf die Firma verlassen können], sind sie marktgängig«.[8] Distanz und oberflächliche Kooperationsbereitschaft sind ein besserer Panzer im Kampf mit den gegenwärtig herrschenden Bedingungen als ein Verhalten, das auf Loyalität und Dienstbereitschaft beruht.

Es ist die Zeitdimension des neuen Kapitalismus, mehr als die High-Tech-Daten oder der globale Markt, die das Gefühlsleben der Menschen außerhalb des Arbeitsplatzes am tiefsten berührt. Auf die Familie übertragen bedeuten diese Werte einer flexiblen Gesellschaft: bleib in Bewegung, geh keine Bindungen ein und bring keine Opfer. Während des Fluges brach es plötzlich aus Rico heraus: »Du kannst dir nicht vorstellen, wie dumm ich mir vorkomme, wenn ich meinen Kindern etwas über Verpflichtungen erzähle. Es ist für sie eine abstrakte Tugend, sie sehen sie nirgendwo.« Während des Essens verstand ich diesen Ausbruch nicht, der keinen triftigen Grund zu haben schien. Was er sagen wollte, erscheint mir jetzt aber als Selbstaussage deutlicher. Er meinte, daß seine Kinder Verpflichtungen auch im Leben ihrer Eltern oder deren Generation nicht wahrnehmen.

In ähnlicher Weise verabscheut Rico die Übertragung von Teamarbeit und offener Diskussion, die einen aufgeklärten modernen Arbeitsplatz kennzeichnen, auf den persönlichen Bereich. In der Familie wirkt Teamarbeit zerstörerisch, da sie das Fehlen von Autorität und fester Leitung bei der Kindererziehung bedeutet. Jeannette und er haben nach seinen Worten zu viele Eltern gesehen, die jede Frage in der Familie zu Tode diskutierten, weil sie Angst hatten, »nein!« zu sagen; Eltern, die zu gut zuhören und überaus verständnisvoll sind, statt Regeln durchzusetzen. Als Resultat haben sie zu viele orientierungslose Kinder gesehen.

»Man muß die Dinge zusammenhalten«, sagte Rico zu mir. Wieder verstand ich zunächst nicht ganz, was er meinte, und er erklärte es in bezug auf das Fernsehen. Rico und Jeannette diskutieren mit ihren Kindern regelmäßig die Beziehung zwischen den Filmen und Serien, die sie angucken, und den Artikeln in der Zeitung. »Sonst ist es bloß ein Haufen Bilder.« Vor allem betreffen die Verbindungen aber Gewalt und Sexualität im Fernsehen. Enrico sprach ständig in kleinen Gleichnissen, um ethische Grundregeln zu vermitteln; diese Parabeln schöpfte er aus seiner Arbeit als Hausmeister – zum Beispiel: »Du kannst Dreck ignorieren, aber davon geht er nicht weg.« Als ich Rico zuerst als Halbwüchsigen kennenlernte, reagierte er mit einer gewissen Scham auf diese bodenständigen Maximen, ich fragte ihn also jetzt, ob er auch Gleichnisse erzähle oder überhaupt ethische Regeln aus seiner Arbeitserfahrung ableite. »Über so etwas kommt nicht viel im Fernsehen«, antwortete er, »und ich tue es auch nicht.«

Ein Verhalten, das Erfolg oder zumindest Überleben im Beruf verspricht, trägt daher wenig zu einem elterlichen Rollenmodell für Rico bei. Tatsächlich stellt sich für dieses moderne Paar gerade das umgekehrte Problem: wie können sie die familiären Beziehungen vor dem auf Kurzfristigkeit basierenden Verhalten, der Diskussionswut und vor allem dem Mangel an Loyalität und Verbindlichkeit schützen, welche die moderne Arbeitswelt kennzeichnen? Anstelle der sich ständig wandelnden Werte der neuen Wirtschaft, ihrem Chamäleonsgesicht, soll die Familie in Ricos Augen förmliche Verpflichtung, Verläßlichkeit, Loyalität und Zielstrebigkeit betonen. All das sind langfristige Tugenden.

Dieser Konflikt zwischen Familie und Arbeit führt zu einigen Fragen über die Erfahrung Erwachsener selbst. Wie lassen sich langfristige Ziele in einer auf Kurzfristigkeit angelegten Gesellschaft anstreben? Wie sind dauerhafte soziale Beziehungen aufrechtzuerhalten? Wie kann ein Mensch in einer Gesellschaft, die aus Episoden und Fragmenten besteht, seine Identität und Lebensgeschichte zu einer Erzählung bündeln? Die Bedingungen der neuen Wirtschaftsordnung befördern vielmehr eine Erfahrung, die in der Zeit, von Ort zu Ort und von Tätigkeit zu Tätigkeit driftet. Wenn ich Ricos Dilemma weiter fasse, so bedroht der kurzfristig agierende Kapitalismus seinen Charakter, besonders jene Charaktereigenschaften, die Menschen aneinander binden und dem einzelnen ein stabiles Selbstgefühl vermitteln.

Nach dem Essen im Flugzeug hingen wir beide unseren Gedanken nach. Ich hatte vor einem Vierteljahrhundert geglaubt, der Spätkapitalismus habe so etwas wie eine abschließende Vollendung erreicht; auch wenn es freiere Märkte und weniger staatliche Kontrolle gebe, werde das »System« ebenso wie früher durch Erfolg und Mißerfolg, Herrschaft und Unterwerfung, Entfremdung und Konsum in die Alltagserfahrung der Menschen eindringen. Fragen von Kultur und Charakter fielen für mich in diese vertrauten Kategorien. Heute ließe sich aber die Erfahrung keines jungen Menschen mit diesen alten Denkschemata erfassen.

Ricos Erzählung über seine Familie hatte ihn offenbar zum Nachdenken über seine ethischen Werte gebracht. Als wir zum Rauchen nach hinten gingen, erwähnte er, früher ein Liberaler gewesen zu sein, in jenem weiten amerikanischen Sinne, der nicht viel mehr bedeutet, als sich Gedanken über die Armen zu machen und freundlich zu Minderheiten wie Schwarzen oder Homosexuellen zu sein; für Enricos Intoleranz gegenüber Schwarzen und Ausländern hatte sein Sohn sich geschämt. Seit er im Beruf stehe, sagte Rico, sei er jedoch ein »Kulturkonservativer« geworden. Wie die meisten Menschen seiner Umgebung verabscheut er soziale Parasiten, für ihn in der Figur der von Sozialhilfe lebenden alleinerziehenden Mutter verkörpert, die ihre Unterstützung für Alkohol und Drogen ausgibt. Er ist auch zum Anhänger fester, drakonischer Verhaltensstandards im Gemeindeleben geworden, im Gegensatz zu jenen Werten der »liberalen Erziehung«, welche die offenen Diskussionen der Arbeitswelt widerspiegeln. Als Beispiel dieses strengen Konzepts erzählte mir Rico, er billige den Vorschlag einiger konservativer Kreise in den USA, schlechten Eltern die Kinder wegzunehmen und in Heime zu stecken.

Mir schwoll der Kamm, und wir debattierten heftig,

während der Rauch sich über uns ballte. Wir redeten aneinander vorbei. (Und wenn ich meine Notizen überlese, merke ich auch, es machte ihm ein bißchen Spaß, mich zu provozieren.) Rico weiß, daß sein idealisierter Kulturkonservatismus das ist, was er ist: eine idealisierte symbolische Gemeinschaft. Er hegt nicht wirklich die Erwartung, daß Kinder in Heime gesteckt werden. Gewiß hat er als Erwachsener gar keine eigenen Erfahrungen mit »konservativen Werten« gemacht. Der Kulturkonservatismus, zu dem er sich bekennt, ist nicht mehr als eine Art Testament der Kohärenz, die er in seinem Leben vermißt. Die Realität des Zusammenlebens, die er kennt, besteht darin, daß ihn andere Amerikaner bei jedem Wechsel des Wohnorts behandelt haben, als beginne sein Leben erst jetzt, die Vergangenheit wird dem Vergessen überantwortet.

Und was die Familie betrifft, so handelt es sich bei seinen idealisierten Werten nicht einfach um Nostalgie. Tatsächlich hatte Rico für die strenge Erziehung, die er durch Enrico erfuhr, nicht viel übrig. Selbst wenn er könnte, würde er nicht zu der linearen Zeit zurückkehren, die Enricos und Flavias Leben bestimmte. Als ich ihm erzählte, ich hätte als Professor eine Stelle auf Lebenszeit, fand er das keineswegs erstrebenswert. Er betrachtet Unsicherheit in der Arbeitswelt als Herausforderung. Als Consultant ist er ein guter Teamarbeiter.

Aber diese Formen flexiblen Verhaltens haben Rico in seiner Rolle als Vater oder Gemeindemitglied nicht gedient. Er möchte gesellschaftliche Beziehungen aufrechterhalten und seinen Kindern ethische Werte mitgeben. Gegen die nur oberflächlichen Bindungen im Büro, gegen die bewußte Amnesie seiner Nachbarn und gegen die Drohung, daß seine Kinder zu »Mall-Ratten« werden könnten, bringt er die *Idee* bleibender Werte in Stellung. Auf die Weise hat sich Rico gefühlsmäßig auf ein Extrem zubewegt.

Alle spezifischen Werte, die er mir nannte, waren feste und zeitlose Regeln: Eltern müssen nein sagen können; eine Gemeinschaft verlangt, daß ihre Mitglieder arbeiten; Abhängigkeit ist schlecht. Die Launen von Zeit und Ort sind aus diesen Regeln verbannt – schließlich sind diese zufälligen Launen das, wogegen Rico sich verteidigen will. Aber er muß einen mentalen Preis dafür zahlen, daß er sich von einem Extrem ins andere bewegt; es ist schwer, solche zeitlosen idealen Regeln in die Praxis zu übersetzen.

Diese Schwierigkeit taucht zum Beispiel in der Ausdrucksweise auf, mit der er seine Umzüge der letzten vierzehn Jahre beschrieb. Obwohl viele dieser Ortswechsel nicht von ihm ausgegangen waren, gebrauchte er beim Erzählen dieser Ereignisse nur selten das Passiv. So vermied er zum Beispiel die Formulierung »ich wurde entlassen«, statt dessen drückte er dieses Ereignis, das sein Leben in dem Büropark in Missouri beendete, folgendermaßen aus: »Ich stand einer Krise gegenüber und mußte eine Entscheidung treffen.« Über diese Krise sagte er: »Ich treffe meine eigenen Entscheidungen, ich übernehme die volle Verantwortung dafür, so oft umzuziehen.« Das klang wie sein Vater. »Verantwortung für sich selbst übernehmen« war der wichtigste Ausdruck in Enricos Wortschatz. Sein Sohn Rico weiß aber nicht, wie er ihn in die Praxis umsetzen soll.

Ich fragte: »Warum hast du nicht protestiert, als du in Missouri entlassen wurdest, warum hast du dich nicht gewehrt?«

»Natürlich war ich wütend, aber so was bringt ja nichts. Es war nichts Unfaires daran, daß X [seine Firma] die Organisation gestrafft hat. Was auch immer geschehen ist, ich mußte mit den Folgen fertig werden. Sollte ich Jeannette bitten, meinetwegen schon wieder umzuziehen? Es war für die Kinder ebenso schlecht wie für sie. Sollte ich sie bitten? Wen hätte ich da um Rat fragen sollen?«

Er konnte nichts tun. Dennoch fühlt er sich für dieses nicht von ihm zu beeinflussende Ereignis verantwortlich; er nimmt es buchstäblich in sich hinein, als seine eigene Last. Aber was heißt »die Verantwortung übernehmen«? Seine Kinder akzeptieren Mobilität als etwas Natürliches, seine Frau ist sogar dankbar, daß er auch bereit war, für sie umzuziehen. Dennoch klang Ricos Aussage »ich übernehme die Verantwortung dafür, so oft umzuziehen« wie eine Herausforderung. An diesem Punkt unserer Reise war mir klar, daß das Letzte, was ich auf diese Herausforderung hätte sagen können, die Frage gewesen wäre: »Wieso hältst du dich für verantwortlich?« Es wäre eine vernünftige Frage, aber zugleich eine Beleidigung gewesen – als hätte ich gesagt, auf *dich* kommt es doch gar nicht an.

Enrico, der Vater, hegte die etwas fatalistische, altertümliche Vorstellung, Menschen würden in eine bestimmte Klasse oder bestimmte Umstände hineingeboren und müßten aus dem, was innerhalb dieser Grenzen möglich sei, das Beste machen. Ereignisse wie Entlassungen, die er nicht beeinflussen konnte, stießen ihm zu, und er paßte sich ihnen an. Wie das eben zitierte kleine Streitgespräch zeigt, ist Ricos Sinn für Verantwortung umfassender. Worauf er immer wieder zurückkommt, ist sein unbeugsamer Wille, die Verantwortung zu übernehmen, als wäre das eine Charaktereigenschaft. Was er wirklich tut, tritt dagegen in den Hintergrund.

Auf diese Weise Verantwortung zu übernehmen, mag uns als vertrautes Phänomen erscheinen – das Schuldgefühl –, aber dies würde Rico nicht richtig charakterisieren. Er ist nicht selbstbezogen oder weich. Auch hat er angesichts einer Gesellschaft, die ihm ganz fragmentiert erscheint, nicht den Lebensmut verloren. Die Regeln, die er aufstellt und die für ihn einem Menschen mit gutem Charakter entsprechen, mögen simpel und kindisch erscheinen, aber auch ein solches Urteil täte ihm unrecht. In gewisser Weise ist er ein Realist; es wäre in der Tat sinnlos gewesen, gegen die Verschlankung des Unternehmens in Missouri protestieren zu wollen. Also konzentriert sich Rico auf seinen Widerstandswillen: er will nicht, daß das Leben seiner Familie nur so dahintreibt. Er will vor allem der Entleerung solcher Charaktereigenschaften wie Treue, Verpflichtung, Zielbewußtsein und Entschlossenheit entgegentreten, die alle langfristig angelegt sind. Er bekämpft das Kurzfristige, indem er nach zeitlosen Werten greift, die ihn im wesentlichen und für immer charakterisieren sollen.

Was zwischen den polaren Gegensätzen des Driftens und der festen Charaktereigenschaften eines Menschen fehlt, ist eine Erzählung, die Ricos Verhalten organisieren könnte. Erzählungen sind mehr als einfache Chroniken von Geschehnissen; sie gestalten die Bewegung der Zeit, sie stellen Gründe bereit, warum gewisse Dinge geschehen, und sie zeigen die Konsequenzen. Enrico, der Vater, hatte so eine Erzählung für sein Leben, linear und kumulativ, eine Erzählung, die in einer hochbürokratisierten Welt Sinn machte. Rico lebt statt dessen in einer Welt, die von einer kurzfristigen Flexibilität und ständigem Fluß gekennzeichnet ist. Diese Welt bietet weder ökonomisch noch sozial viel Narratives. Unternehmen zerfallen oder fusionieren, Jobs tauchen auf und verschwinden, wie zusammenhanglose Geschehnisse. Kreative Zerstörung, hat Schumpeter gesagt, erfordert Menschen, Unternehmer, die sich um die Folgen der Veränderung keine Gedanken machen, die nicht wissen wollen, was als nächstes kommt. Die meisten Menschen aber nehmen Veränderung nicht so gleichgültig auf.

Ganz sicher möchte Rico nicht so gedankenlos leben, obwohl er sich im Überlebenskampf gut geschlagen hat. »Veränderung« bedeutet Drift. Rico hat Angst, daß seine Kinder ethisch und emotional zu Driftern werden könnten – aber er kann ihnen keine Rezepte für ihr Leben geben. Die Lektionen, die er ihnen erteilen möchte, sind zeitlos – was auch heißt, sie sind so allgemein, daß sie kaum noch anwendbar sind. Vielleicht hat die Veränderung und die mit ihr einhergehende Verwirrung in ihm die Verwirrung und Angst erzeugt, die ihn zum anderen Extrem trieb. Vielleicht kann er deshalb sein Leben seinen Kindern nicht als Modell vor Augen halten. Und vielleicht fehlt deshalb auch, wenn man ihm zuhört, das Gefühl der Entfaltung seines Charakters oder der Entwicklung seiner Ideale.

Ich habe diese Begegnung so ausführlich geschildert, weil Ricos Erfahrungen mit der Zeit, dem Ort und der Arbeit nicht einzigartig sind, ebensowenig wie seine emotionale Reaktion darauf. Die Bedingungen der Zeit im neuen Kapitalismus haben einen Konflikt zwischen Charakter und Erfahrung geschaffen. Die Erfahrung einer zusammenhanglosen Zeit bedroht die Fähigkeit der Menschen, ihre Charaktere zu durchhaltbaren Erzählungen zu formen.

Am Ende des 15. Jahrhunderts fragte der Dichter Thomas Hoccleve in dem Fürstenspiegel *The Regiment of Princes*: »Weh, wo ist Bestand in dieser Welt?« – eine Klage, die sich auch bei Homer und im Buch Jeremia des Alten Testaments findet.[9] Während der größten Spanne der Weltgeschichte haben die Menschen akzeptiert, daß ihr Leben sich aufgrund von Kriegen, Hungersnöten oder anderen Katastrophen plötzlich verändern könne und daß sie improvisieren müßten, um zu überleben. Unsere Eltern und Großeltern waren 1940 von Sorge erfüllt, als sie nach dem überstandenen Chaos der Weltwirtschaftskrise das Drohgespenst eines Weltkriegs vor sich sahen.

Das Besondere an der heutigen Ungewißheit ist die Tatsache, daß sie nicht in Verbindung mit einer drohenden historischen Katastrophe steht, sondern vielmehr mit den alltäglichen Praktiken eines vitalen Kapitalismus verwoben ist. Instabilität ist normal, Schumpeters Unternehmer erscheint als der ideale Jedermann. Vielleicht ist die Zerstörung des Charakters eine unvermeidliche Folge. »Nichts Langfristiges« desorientiert auf lange Sicht jedes Handeln, löst die Bindungen von Vertrauen und Verpflichtung und untergräbt die wichtigsten Elemente der Selbstachtung.

Ich glaube, Rico weiß, daß er zugleich ein erfolgreicher und verwirrter Mann ist. Er hat Angst, daß jenes flexible Verhalten, das ihm seinen Erfolg gebracht hat, den eigenen Charakter in einer Weise schwächt, für die es kein Gegenmittel gibt. Wenn er ein Jedermann unserer Zeit ist, dann aufgrund dieser Angst.

Kapitel 2

Routine

Es gibt gute Gründe, warum Rico darum kämpfen muß, die Zeit, in der er lebt, zu verstehen. Die moderne Gesellschaft revoltiert gegen die routinegeprägte bürokratische Zeit, welche die Arbeitswelt, die Regierung oder andere Institutionen paralysieren kann. Ricos Problem besteht darin, was er mit sich anfängt, wenn dieser Aufstand gegen die Routine Erfolg hat.

Beim Heraufdämmern des industriellen Kapitalismus war es noch nicht selbstverständlich, daß Routine ein Übel darstellte. In der Mitte des 18. Jahrhunderts schien es zwei Richtungen zu geben, in welche die repetitive Arbeit sich entwickeln konnte, die eine positiv und fruchtbar, die andere zerstörerisch. Die positive Seite der Routine wurde in Diderots großer *Encyclopédie* (1751–1772) dargestellt, die negative Seite der geregelten Arbeitszeit zeigte sich äußerst dramatisch in Adam Smiths *Der Wohlstand der Nationen* (1776). Diderot war der Meinung, die Arbeitsroutine könne wie jede andere Form des Auswendiglernens zu einem Lehrmeister der Menschen werden; Smith glaubte, Routine stumpfe den Geist ab. Heute steht die Gesellschaft auf seiten von Smith. Diderot zeigt uns, was wir dadurch möglicherweise verlieren.

Für Diderots gebildete Leser waren die interessantesten Artikel der *Encyclopédie* diejenigen über das Alltagsleben, Artikel von unterschiedlichen Autoren über die Industrie, die verschiedenen Handwerke, die Landwirtschaft. Diese wurden von einer Reihe von Kupferstichen begleitet, die illustrierten, wie man einen Stuhl herstellte oder Stein mit dem Meißel bearbeitete. Die Zeichnung des mittleren 18. Jahrhunderts ist von einer eleganten Sparsamkeit der Linie, doch die meisten Künstler setzten sie ein, um Szenen der aristokratischen Muße oder Landschaften darzustellen; die Illustratoren der *Encyclopédie* gebrauchten diese kunstvolle Einfachheit zur Abbildung von Hämmern, Papierpressen und Rammen. Bilder und Text sollten die der Arbeit innewohnende Würde herausstellen.[1]

Die spezifische Würde der Routine erscheint in Band 5 der *Encyclopédie* in einer Reihe von Kupferstichen, welche die tatsächlich existierende Papierfabrik L'Anglée zeigt, die knapp 100 Kilometer südlich von Paris bei Montargis lag. Die Fabrik ist wie ein Schloß angelegt, mit einem Hauptgebäude, an das sich zwei kleinere Flügel im rechten Winkel anschließen. Darum sehen wir französische Gärten und Alleen, wie sie auch zum Anwesen eines Landadligen jener Zeit gepaßt hätten.

Das Äußere dieser Modellfabrik, das unseren Augen so idyllisch erscheint, stellte tatsächlich eine große Neuerung gegenüber der üblichen räumlichen Organisation der Arbeit zur Zeit Diderots dar: Heim und Arbeitsplatz waren hier getrennt. Bis zur Mitte des 18. Jahrhunderts war der Haushalt Zentrum des Wirtschaftslebens. Auf dem Land stellten die Familien das meiste von dem, was sie verbrauchten, selbst her; in Großstädten wie Paris oder London wurde das Handwerk im Haus des Meisters ausgeübt. Im Haus eines Bäckers nahmen etwa Gesellen, Lehrlinge und die Familie des Bäckers »die Mahlzeiten gemeinsam ein, und es wurde für alle gesorgt, da man von allen erwartete, daß sie im Haus aßen und schliefen«, wie der Historiker Herbert Applebaum betont. »Zu den Kosten der Brotherstellung ... gehörten Kost, Logis und Kleidung für alle, die für den Meister arbeiteten. Lohn in Geldform machte nur einen Bruchteil davon aus.«[2] Der Anthropologe Daniel Defert nennt dies eine Domuswirtschaft, anstelle der Lohnsklaverei herrschte eine untrennbare Kombination von Obdach und Unterwerfung unter den Willen des Meisters.

Diderot zeigt in L'Anglée eine neue, vom *Domus* getrennte Arbeitsordnung. Die Fabrik bot ihren Arbeitern keine Unterkunft auf dem Fabrikgelände, tatsächlich war sie eine der ersten in Frankreich, die Arbeiter in einem so weiten Radius rekrutierte, daß diese zu Pferde statt zu Fuß zur Arbeit kommen mußten. Der attraktive, sogar elegante Anblick der Papiermühle legt den Schluß nahe, der Kupferstecher habe diese Trennung mit Wohlwollen gesehen.

Was uns im Inneren gezeigt wird, ist ebenfalls positiv: es herrscht Ordnung. Die Papierherstellung war im 18. Jahrhundert ein schmutziger und stinkender Vorgang, die benutzten Lumpen stammten oft von Leichen und verrotteten zwei weitere Monate in Bottichen, damit sich die Fasern auflösten. In L'Anglée sind die Fußböden jedoch rein, und kein Arbeiter scheint kurz vor dem Erbrechen zu stehen. In dem Raum, in dem die Fasern buchstäblich zu Brei geschlagen wurden – der unsauberste Teil der Prozedur –, sind überhaupt keine Menschen zu sehen. Dort, wo die schwierigste Arbeitsteilung stattfand, nämlich die Masse aus den Bottichen in Hohlformen geschöpft wurde, um dünne Bögen herzustellen, sieht man drei Arbeiter in tänzerischer Koordination arbeiten.

Das Geheimnis dieser industriellen Ordnung lag im Prinzip in der Routine. L'Anglée ist eine Fabrik, wo alles seinen festen Platz hat und jeder weiß, was er zu tun hat. Für Diderot ist Routine jedoch nicht bloß die endlose mechanische Wiederholung einer Tätigkeit. Der Lehrer, der einen Schüler fünfzig Strophen eines Gedichts auswendig lernen läßt, will, daß es in dessen Gehirn bewahrt wird, wiederaufgerufen und dazu gebraucht werden kann, andere Gedichte zu beurteilen. Diderots Schriften über die Schauspielkunst gehen von dieser Einsicht aus. In seinem *Paradox über den Schauspieler* suchte er zu erklären, wie der Schauspieler oder die Schauspielerin durch stetes Wiederholen des Textes eine Rolle nach und nach ergründet. Die gleichen Tugenden der Wiederholung glaubte er in der Fabrikarbeit zu finden.

Routine ist nicht geistlos. Diderot nahm an – in erneuter Analogie zu den Künsten –, die Wiederholung lehre den Menschen, eine gegebene Aktivität zu verändern. Der »Rhythmus« der Arbeit bedeutet, daß wir lernen, zu beschleunigen und zu verzögern, zu variieren, mit Material zu spielen und neue Verfahren zu entwickeln – genau wie ein Musiker lernt, beim Spielen eines Musikstücks die Zeit zu gestalten. Mit Hilfe von Wiederholung und Rhythmus kann der Arbeiter nach Diderots Worten bei seiner Tätigkeit »die Einheit von Geist und Hand« erreichen.[3]

Natürlich ist das ein Ideal. Diderot versuchte, es wenigstens in den Abbildungen sichtbar zu machen, auf denen die Arbeiter in der Papiermühle dargestellt sind. Die Jungen, die Lumpen zerschneiden, arbeiten ohne erwachsenen Aufseher allein in einem Raum. Beim Sortieren, Zuschneiden und der Nachbearbeitung arbeiten Jungen, junge Frauen und kräftige Männer Seite an Seite; hier sahen die Leser der *Encyclopédie* buchstäblich Gleichheit und Brüderlichkeit. Was diese Bilder so eindringlich macht, sind die Gesichter der Arbeiter. Wie hart ihre Arbeit auch sein mag, ihre Gesichter bleiben ruhig. Diderot glaubte, der Mensch finde durch die Arbeit zum Frieden mit sich selbst; darin erinnert er an Voltaires berühmten Rat am Schluß von *Candide*, man solle seinen Garten bestellen. »Laßt uns arbeiten, ohne zu theoretisieren«, sagt Martin in *Candide*, »nur so läßt sich das Leben erträglich gestalten.« Diderot neigte jedoch stärker zum Theoretisieren; durch die Routine und ihre Rhythmen könnten die Menschen die Arbeitsvorgänge kontrollieren und Ruhe finden.

Für Adam Smith waren diese Vorstellungen von geordneter Entwicklung, Brüderlichkeit und heiterer Gemütsruhe ein unmöglicher Traum. Die Routine, zumindest ihre Form im entstehenden Kapitalismus, den er und Diderot betrachteten, leugnet jede Beziehung zwischen gewöhnlicher Arbeit und Kunstwerk. Als Smith 1776 den *Wohlstand der Nationen* veröffentlichte, wurde er als Apostel jenes neuen Kapitalismus gelesen. Und so ist er auch weiterhin verstanden worden. Vor allem, weil er sich am Beginn des Buches für den freien Markt erklärt. Aber Smith ist mehr als ein Apostel des ökonomischen Liberalismus, er war sich der dunklen Seite des Marktes vollauf bewußt. Dieses Bewußtsein erschloß sich ihm vor allem bei der Betrachtung der Organisation der routinegeprägten Zeit in dieser neuen Wirtschaftsordnung.

Der *Wohlstand der Nationen* basiert auf einem einzigen zentralen Prinzip: das Wachsen freier Märkte ist an die gesellschaftliche Arbeitsteilung gekoppelt. Smith glaubte, der ungehinderte Kreislauf von Geld, Waren und Arbeit werde die Menschen zu immer spezialisierterem Arbeiten treiben. Wir verstehen Smiths Idee der Arbeitsteilung leicht, wenn wir an einen Bienenstock denken: beim Wachsen des Stockes wird jede seiner Zellen Schauplatz einer spezialisierten Tätigkeit. Theoretisch ausgedrückt sind die zahlenmäßigen Dimensionen des Austauschs – ob Größe der Geldmenge oder Warenmenge auf dem Markt – und die Spezialisierung der Produktion untrennbar verbunden.

Smiths anschauliches Beispiel ist eine Nagelfabrik. (Es handelt sich nicht, wie manchmal gesagt, um moderne Nähnadeln – die »pins« des 18. Jahrhunderts entsprechen eher unseren Reißzwecken oder kleinen Nägeln, wie sie beim Schreinern gebraucht werden.) Er kalkulierte, ein Nagelmacher, der alles selbst ausführte, könne höchstens ein paar hundert Nägel pro Tag herstellen; in einer Nagelfabrik, wo die Herstellung nach den neuen Prinzipien der Arbeitsteilung in ihre Einzelarbeiten zerlegt sei, von denen jeder Arbeiter nur eine ausführe, könne ein Nagelmacher dagegen umgerechnet mehr als 4800 Nägel pro Tag herstellen.[4] Der Handel der Nagelfabrik auf dem freien Markt würde die Nachfrage nur steigern und zu größeren Firmen mit immer ausgeprägterer Arbeitsteilung führen.

Wie Diderots Papiermühle war Smiths Nagelfabrik ein Ort zum Arbeiten, nicht zum Wohnen. Die Trennung von Heim und Arbeit ist nach Smiths Aussage die wichtigste aller modernen Arbeitsteilungen. Und wie Diderots Papiermühle funktioniert Smiths Nagelfabrik dank der Routine in geordneter Weise: jeder Arbeiter führt nur eine Aufgabe aus. Die Nagelfabrik unterscheidet sich aber von Diderots Papiermühle darin, daß Smith eine Ahnung davon hatte, wie menschlich verheerend es war, Arbeit auf diese Weise zu organisieren.

Die Welt, in der Smith lebte, war natürlich seit langem an die regelmäßige Einteilung der Zeit gewöhnt. Seit dem sechsten Jahrhundert hatten Kirchenglocken die religiösen Einheiten des Tages gekennzeichnet, im Mittelalter gingen die Benediktiner einen wichtigen Schritt weiter, indem sie die Zeit zur Arbeit und zum Essen ebenso durch Glockenläuten anzeigten wie die Stunde des Gebets. Nicht lange vor Smiths eigenem Zeitalter hatten mechanische Uhren die Kirchenglocken ersetzt, und in der Mitte des 18. Jahrhunderts waren Taschenuhren bereits weit verbreitet. Nun konnte die mathematisch präzise Zeit unabhängig vom Standort angegeben werden, ob man sich nun in Sicht- oder Hörweite einer Kirche befand oder nicht: die Zeit war unabhängig vom Raum geworden. Warum sollte sich die Ausweitung dieser Zeiteinteilung als Unglück für die Menschen herausstellen?

Der Wohlstand der Nationen ist ein sehr langes Buch, und die Anhänger der neuen Ökonomie neigten zu Smiths Zeit dazu, sich nur auf den dramatischen und hoffnungsfrohen Beginn zu beziehen. Das Buch wird im weiteren Verlauf jedoch düsterer, die Nagelfabrik wird ein unheilvollerer Ort. Smith erkannte, daß die Arbeitsteilung in der Nagelherstellung die einzelnen Arbeiter zu einem abstumpfend langweiligen Arbeitstag verurteilte, bei dem sie Stunde um Stunde mit einer immergleichen Tätigkeit verbringen würden. An einem bestimmten Punkt wird die Routine selbstzerstörerisch, weil die Menschen die Kontrolle über ihre eigenen Handlungen verlieren; der Verlust der Kontrolle über die Arbeit bedeutet, geistig abzusterben.

Smith glaubte, der Kapitalismus seiner Zeit sei dabei, diese bedeutsame Schwelle zu überschreiten. Als er erklärte, daß jene, die am meisten arbeiteten am wenigsten bekamen, dachte er eher an diese Folgen für die Menschen als an Löhne.[5] In einer der düstersten Passagen des *Wohlstands der Nationen* schreibt er:

> Mit fortschreitender Arbeitsteilung wird die Tätigkeit der überwiegenden Mehrheit derjenigen, die von ihrer Arbeit leben, … nach und nach auf einige wenige Arbeitsgänge eingeengt, oftmals nur auf einen oder zwei … Jemand, der tagtäglich nur wenige einfache Handgriffe ausführt, … verlernt, seinen Verstand zu gebrauchen, und [wird] so stumpfsinnig und einfältig …, wie ein menschliches Wesen nur eben werden kann.[6]

Der Nagelmacher wird im Laufe der Arbeitsteilung ein »stumpfes und einfältiges« Geschöpf; er ist zur Routine ohne Rhythmus verdammt. Der Industriearbeiter kennt nicht die Selbstbeherrschung und Ausdrucksfähigkeit des Schauspielers, der tausend Zeilen auswendig gelernt hat; Diderots Vergleich von Schauspieler und Arbeiter ist falsch, weil die Arbeiter ihre Arbeit nicht kontrollieren. Aus diesen Gründen droht die industrielle Routine den menschlichen Charakter einzuebnen.

Wenn dies ein seltsam pessimistischer Adam Smith zu sein scheint, so liegt das vielleicht daran, daß er ein komplexerer Denker war, als die kapitalistische Ideologie glauben machen will. In der *Theorie der moralischen Gefühle* hatte er bereits die Tugenden gegenseitigen Mitgefühls vertreten und die Fähigkeit, sich mit den Bedürfnissen anderer zu identifizieren. Mitgefühl ist seiner Meinung nach ein spontanes moralisches Gefühl, es bricht plötzlich hervor, wenn ein Mann oder eine Frau das Leiden oder die Last eines anderen Menschen erkennt, die hinter dem alltäglichen Trott von Anschein und Routine verborgen ist. Mit anderen Worten, die Arbeitsteilung stumpft das moralische Gefühl ab, indem sie die Spontaneität vermindert. Gewiß setzte Smith das Wachstum der Märkte und die Arbeitsteilung mit dem materiellen Fortschritt der Gesellschaft gleich – nicht aber mit ihrem moralischen Fortschritt. Aus diesem Grund plädiert er im *Wohlstand der Nationen* für ein Gleichgewicht zwischen kleinen Städten und dem Land auf der einen Seite und der Großstadt auf der anderen. Die »natürlichen Rhythmen des Landlebens« und die dort vorhandene Stärke der Familie erscheinen ihm als notwendiger moralischer Ausgleich zum ungezügelten Wachstum von Märkten und Fabriken in der Stadt.

Bei der Betonung der ethischen Bedeutung des spontanen Mitgefühls nahm Smith unter seinen Zeitgenossen durchaus eine eigenständige Position ein. Viele von ihnen sahen Gewissensakte als unabhängig vom Impuls des Augenblicks oder sogar vom menschlichen Willen. Thomas Jefferson erklärte in der *Bill for Establishing Religious Freedom* (1779): »Meinungen und Überzeugungen der Menschen hängen nicht von ihrem eigenen Willen ab, sondern folgen unwillkürlich den ihrem Geist vorgestellten Zeugnissen.«[7] James Madison führte diese Ansicht in seinem *Memorial and Remonstrance* (1785) weiter aus, wenn er sagt, den Geboten des Gewissens zu folgen »ist ebenfalls unveräußerlich, denn was hier ein Recht gegen die Menschen ist, ist eine Pflicht gegen den Schöpfer«.[8] Die Natur und ihr Schöpfer leiten den Menschen an, der Mensch gehorcht.

Adam Smith spricht eine Sprache des Charakters, die unserer eigenen vielleicht ähnlicher ist. Der Charakter wurde für ihn durch die Geschichte und ihre sich wandelnden sozialen Bedingungen geformt. Wenn die Arbeitsteilung den Charakter der Arbeiter verflachte, so konnten die Menschen etwas dagegen tun, indem sie gegen die Sklaverei im Namen der Routine revoltierten. Smith wies das am spezifischen Beispiel des Händlers nach. Ebenso wie er die psychische Verfassung des Arbeiters bedauerte, feierte er den Charakter des Händlers, der in seinen Augen lebhaft und sympathisierend auf die sich wandelnden Forderungen des Augenblicks reagierte. Der Händler war seiner Meinung nach der vielseitigere Mensch.

Es sollte uns nicht überraschen, daß Marx ein aufmerksamer Leser Adam Smiths war. Als junger Mann bewunderte er die Betonung der Spontaneität in der *Theorie des moralischen Gefühls*, als reiferer und nüchterner Analytiker konzentrierte er sich auf Smiths Beschreibung der Übel der Routine und der Arbeitsteilung ohne Kontrolle des Arbeiters über sein Tun – dies sind die Hauptbestandteile von Marx' Analyse der verdinglichten Zeit. Marx ergänzte Smiths Darstellung der Routine in der Nagelfabrik um den Kontrast zum alten deutschen System des Tagewerks, bei dem ein Arbeiter pro Tag bezahlt wurde. Bei dieser Praxis konnten Arbeiter sich den Umständen ihrer Umgebung anpassen und an Tagen mit gutem oder schlechtem Wetter verschieden arbeiten oder Tätigkeiten so organisieren, daß sie auf die Zulieferung abgestimmt waren; eine solche Arbeit besaß einen Rhythmus, da der Arbeiter die Kontrolle über sie behielt.[9] Dagegen schrieb der marxistische Historiker E. P. Thompson später über den modernen Kapitalismus: »Die Beschäftigten erfahren einen Unterschied zwischen der Zeit ihres Dienstherrn und ihrer ›eigenen‹ Zeit.«[10]

Das Mißtrauen, das Adam Smith und Marx gegen die routinegeprägte Zeit hegten, ging in unserem Jahrhundert in das Phänomen namens »Fordismus« ein. Am Fordismus können wir Smiths Besorgnis über den am Ende des 18. Jahrhunderts gerade entstehenden Industriekapitalismus am vollständigsten dokumentieren. Hier ist das, was aus Smiths Nagelfabrik an dem Ort wurde, der dem Fordismus den Namen gab.

Das Werk Highland Park der Ford Motor Company galt in den Jahren 1910 bis 1914 allgemein als glänzendes Beispiel der technologiebestimmten Arbeitsteilung. In mancher Hinsicht war Henry Ford ein humaner Arbeitgeber, er zahlte einen guten Lohn, der sich auf 5 Dollar pro Tag belief (was 1997 120 Dollar entspricht), und führte eine Gewinnbeteiligung für die Arbeiter ein. Die Arbeit in der Fabrik war etwas anderes. Ford hielt Sorgen über die Arbeitsqualität für »bloßes Gewäsch«; 5 Dollar pro Tag waren eine angemessene Entschädigung für Langeweile.

Bevor Ford Modellfabriken wie Highland Park baute, war die Automobilindustrie handwerklich bestimmt, wobei Facharbeiter im Laufe eines Arbeitstages viele komplizierte Tätigkeiten an einem Motor oder einer Karosserie ausführten. Diese Arbeiter genossen weitgehende Autonomie, und die Autoindustrie war tatsächlich eine Anhäufung dezentraler Werkstätten. So bemerkt Stephen Meyer: »Viele Facharbeiter beschäftigten ihre eigenen Hilfskräfte und zahlten ihnen einen festen Anteil ihres eigenen Lohns.«[11] Um 1910 erreichte die Ordnung der Nagelfabrik die Autoindustrie.

Bei der Industrialisierung seiner Produktion zog Ford sogenannte spezialisierte Arbeiter Facharbeitern vor. Die spezialisierten Arbeiter verrichteten rudimentäre Tätigkeiten, die wenig Denken oder Urteilsvermögen erforderten. Im

Werk Highland Park waren die meisten dieser spezialisierten Arbeiter erst vor kurzem eingewandert, während die Facharbeiter meist Deutsche und andere waren, die schon länger in Amerika lebten; den neuen Immigranten fehlte nach Meinung des Managements wie auch der »eingeborenen« Amerikaner die Intelligenz für andere Aufgaben. 1917 waren 55% der Arbeitskräfte spezialisierte Arbeiter, weitere 15% waren ungelernte Reinigungskräfte und Hausmeister, die am Rande des Produktionsprozesses standen; der Anteil der Facharbeiter war auf 15% gefallen.

»Billige Leute brauchen teure Maschinen«, sagte Sterling Bunnell, ein früher Verfechter dieser Veränderungen. Dagegen bräuchten »gut ausgebildete Leute kaum etwas außer ihren Werkzeugkästen«.[12] Diese Einsicht in den Gebrauch komplizierter Maschinerie zur Vereinfachung menschlicher Arbeit legte die Grundlage für die Vollendung von Smiths Befürchtungen. So glaubte beispielsweise der Industriepsychologe Frederick W. Taylor, Maschinen und Produktionsprozesse könnten in einem großen Unternehmen äußerst kompliziert sein, ohne daß die Arbeiter diese Komplexität verstehen müßten; tatsächlich war er der Meinung, je weniger sie durch das Verständnis des Ganzen »abgelenkt« seien, desto effektiver würden sie ihre jeweilige Aufgabe erfüllen.[13] Taylors berüchtigte Bewegungsstudien wurden mit einer Stoppuhr durchgeführt, die auf den Bruchteil einer Sekunde maß, wie lange die Montage eines Scheinwerfers oder einer Stoßstange dauern sollte. Diese Lenkung jeder einzelnen Bewegung steigerte Adam Smiths Unbehagen an der Routinearbeit der Nagelfabrik zu einem sadistischen Extrem, aber Taylor zweifelte nicht daran, daß seine menschlichen Versuchskaninchen Messung und Manipulation passiv hinnehmen würden.

Es kam jedoch zu keinem passiven Hinnehmen dieser Versklavung der Zeit durch die Routine. David Nobel bemerkt, daß »dic Arbeiter über ein breites Repertoire von Techniken zur Sabotage von Bewegungsstudien verfügten und ganz selbstverständlich Methoden und Arbeitsvorschriften ignorierten, wenn sie ihnen nicht paßten oder mit ihren Interessen kollidierten«.[14] Außerdem wurde Smiths »stumpfsinniges und einfältiges« Geschöpf bei der Arbeit deprimiert, und das verminderte seine Produktivität. Experimente wie das im Werk Hawthorn der General Electric zeigten, daß fast jede Art von Aufmerksamkeit, die man den Arbeitern als Menschen widmete, ihre Produktivität steigerte. Arbeitspsychologen wie Elton Mayo drängten die Manager daher, mehr Sorge für ihre Angestellten zu tragen, und übertrugen Methoden der psychiatrischen Beratung auf die Arbeitswelt. Trotz alledem machten Arbeitspsychologen wie Mayo sich keine Illusionen. Sie wußten, daß sie das Übel der Langeweile lindern, aber in diesem eisernen Käfig der Zeit nicht abschaffen konnten.

Die Übel der Routine kulminierten in Enricos Generation. In der klassischen Studie »Das Unbehagen in der Arbeitswelt« untersuchte Daniel Bell in den fünfziger Jahren diese selbstzerstörerische Apotheose anhand einer anderen Autofabrik, dem General Motors-Werk Willow Run in Michigan. Smiths Bienenstock war inzwischen wahrhaft gigantisch geworden: Willow Run war ein Gebäude von einem Kilometer Länge und 400 Metern Breite. Alle zur Automobilherstellung notwendigen Materialien, vom Rohstahl über Glas bis zum Leder, waren unter einem Dach versammelt, und die Arbeit wurde von einer hochdisziplinierten Bürokratie aus Analytikern und Managern gesteuert. Eine so komplexe Organisation konnte nur mit Hilfe präziser Regeln funktionieren, die Bell als »technische Rationalität« bezeichnete. Dieser riesige, gutorganisierte Käfig folgte drei Prinzipien: »der Logik der Größe, der Logik der ›metrischen Zeit‹ und der Logik der Hierarchie«.[15]

Die Logik der Größe war einfach: größer heißt effizienter. Alle Produktionsschritte in Willow Run zu konzentrieren, sparte Energie- und Transportkosten und verband die Fabrik eng mit den Verkaufs- und Verwaltungsbüros des Unternehmens.

Die Logik der Hierarchie war nicht ganz so einfach. Max Weber hatte behauptet, es sei kein besonderer Beweis nötig, um zu zeigen, daß »militärische Disziplin« das ideale Modell für die moderne kapitalistische Fabrik war.[16] In Unternehmen wie dem General Motors der fünfziger Jahre bemerkte Bell jedoch ein anderes Kontrollmodell. Der »Überbau, der die Produktion organisiert und lenkt ... zieht soweit wie möglich alle Intelligenz aus dem Fabrikationsprozeß ab; alles ist auf die Planungs-, Organisations- und Entwurfsabteilungen konzentriert«. Architektonisch bedeutete dies, die Techniker und Manager soweit wie möglich von den dröhnenden Maschinen der Fabrik zu entfernen. So verloren die Generäle der Produktion den direkten Kontakt zu ihren Truppen.

Das Ergebnis verstärkte jedoch nur die abstumpfenden Auswirkungen der Routine für »den Arbeiter ganz unten, der sich nur um Details kümmert und von jeder Entscheidung über das von ihm hergestellte Produkt ausgeschlossen ist«.[17] Diese Übel in Willow Run beruhten noch immer auf der tayloristischen Logik der »metrischen Zeit«. Überall in der riesigen Fabrik wurde die Zeit bis ins kleinste kalkuliert, so daß die Betriebsleitung genau wußte, was jeder in einem bestimmten Moment zu tun hatte. Bell war beispielsweise erstaunt, daß General Motors »die Stunde in zehn Einheiten von je 6 Minuten aufteilt ... der Arbeiter wird nach der Anzahl der Stundeneinheiten bezahlt, die er abgeleistet hat«.[18] Diese minutiöse Organisation der Arbeitszeit war an sehr lange Zeiteinheiten innerhalb des Unternehmens gekoppelt. Die Dienstalterzulage war präzise auf die Anzahl von Stunden abgestimmt, die ein Mann oder eine Frau für General Motors gearbeitet hatte; ein Arbeiter konnte genau seine Vergünstigungen bei Urlaub und Krankheit kalkulieren. Bei Beförderungen und Zulagen beherrschte diese Mikromessung der Zeit die niedrigeren Ränge der Büroangestellten ebenso wie die Fließbandarbeiter.

Mit Enricos Generation war die »metrische Zeit« jedoch etwas anderes geworden als ein Akt der Unterdrückung und Beherrschung durch das Management zugunsten des Wachstums der gigantischen Firma. Intensive Verhandlungen über diese Zeitpläne standen im Mittelpunkt des Interesses der Automobilarbeitergewerkschaft und des Managements von General Motors; die einfachen Gewerkschaftsmitglieder verfolgten die Zahlen, um die es bei diesen Verhandlungen ging, mit Aufmerksamkeit und zuweilen mit Leidenschaft. Die routinegeprägte Zeit war zu einer Arena geworden, in der die Arbeiter ihre eigenen Forderungen vertreten konnten. Sie begannen, Macht zurückzuerobern.

Dies war ein politisches Resultat, das Adam Smith nicht vorhergesehen hatte. Die unternehmerischen Stürme, die Schumpeter im Bild der »kreativen Zerstörung« evozierte, bedeuteten, daß Smiths Form der Nagelfabrik im Laufe des 19. Jahrhunderts bankrott ging; ihr rationaler Bienenstaat war ein Plan auf dem Papier, der in Eisen und Stein oft nur wenige Jahre Bestand hatte. Um sich ihrerseits vor diesem Sturm zu schützen, versuchten die Arbeiter, die Zeit planbar zu machen, indem sie in Genossenschaften sparten oder Häuser abzahlten, die sie von Baugenossenschaften gekauft hatten. Wir betrachten die vorausgeplante Zeit heutzutage kaum als persönliche *Leistung*, aber unter den Spannungen, Aufschwüngen und Rezessionen des industriellen Kapitalismus wurde sie es nicht selten trotzdem. Dies komplizierte die Bedeutung der Zeitorganisation, die in Fords Highland Park erschien und ihren Höhepunkt im General Motors-Werk Willow Run fand. Wir haben gesehen, wie Enrico aus seiner besessenen Aufmerksamkeit für die routinegeprägte Zeiteinteilung einen sinnvollen Erzählrahmen für sein Leben schuf. Routine kann erniedrigen, sie kann aber auch beschützen. Routine kann die Arbeit zersetzen, aber auch ein Leben zusammenhalten.

Dennoch stand die Grundlage von Smiths Sorge Daniel Bell weiterhin vor Augen, der damals noch ein junger Sozialist war und zu verstehen suchte, warum die Arbeiter nicht gegen den Kapitalismus revoltierten. Bell hatte sozusagen den sozialistischen Glauben schon halb verlassen. Er hatte erfahren, daß das Unbehagen in der Arbeitswelt, selbst ein so tiefes wie das Aushöhlen ihres Inhalts, Männer und Frauen nicht zum Aufstand treibt: er suchte im Ablauf der geplanten Zeit nicht länger nach einer revolutionären Gegenbewegung. Aber in gewisser Weise war Bell noch immer ein guter Sozialist. Er glaubte, er habe mit dem gigantischen Werk Willow Run den Schauplatz einer Tragödie besichtigt.

Von Bells Willow Run reicht eine Verbindung über Highland Park bis zu Adam Smiths Nagelfabrik zurück. An diesen Arbeitsstätten erscheint die Routine als erniedrigend und zugleich als Ursache der Unwissenheit – einer ganz spezifischen Unwissenheit. Die unmittelbare Gegenwart bestand deutlich genug daraus, Stunde um Stunde denselben Hebel oder dieselbe Kurbel zu betätigen. Was dem Routinearbeiter fehlte, war die weiterreichende Vorstellung einer anderen Zukunft. Um diese Kritik der Routine noch einmal in anderen Worten auszudrücken: mechanisches Handeln vermag keine allgemeinere historische Erzählung hervorzubringen. Die Mikroerzählungen im Leben von Arbeitern wie Enrico wären Karl Marx auf der großen geschichtlichen Bühne unerheblich vorgekommen, oder er hätte sie lediglich als Anpassung an die Umstände gewertet.

Deshalb bleibt die alte Debatte zwischen Diderot und Adam Smith so lebendig. Diderot glaubte nicht, daß Routinearbeit erniedrigend war. Im Gegenteil, er war sich sicher, daß Routinearbeiten mit ihren Regeln und Rhythmen allmählich Erzählungen hervorbringen konnten. Es ist eine Ironie, daß dieser Flaneur und Philosoph, ein Geschöpf der schäbigeren Salons im Paris der Mitte des 18. Jahrhunderts, heute mehr als Vertreter der Würde gewöhnlicher Arbeit gilt als viele andere, die im Namen des Volkes aufgetreten sind. Diderots großer moderner Erbe, der Soziologe Anthony Giddens, hat versucht, Diderots Ansichten am Leben zu erhalten, indem er auf den hohen Wert der Gewohnheit sowohl in der gesellschaftlichen Praxis als auch im Selbstverständnis des Menschen verwies. Wir erproben Alternativen nur in bezug auf die Gewohnheiten, die wir bereits übernommen haben. Sich ein Leben vorzustellen, das ganz aus momentanen Impulsen besteht, ohne stützende Routine, ohne Gewohnheiten, heißt tatsächlich, sich ein geistloses Leben vorzustellen.[19]

Heute stehen wir in der Streitfrage der Routine vor einer historischen Wasserscheide. Die meiste Arbeit bleibt noch immer im Kreis des Fordismus gebannt. Es ist schwer, an einfache Statistiken zu dieser Frage heranzukommen, aber eine begründete Einschätzung moderner Arbeitsverhältnisse, wie sie in Tabelle 1 abgebildet ist, verweist darauf, daß zwei Drittel von ihnen repetitiver Natur sind. Adam Smith würde ihre Ähnlichkeit mit den Arbeitsformen in der Nagelfabrik durchaus erkennen. Computergebrauch bei der Arbeit, wie er in Tabelle 7 dargestellt ist, involviert gleichfalls stumpfe Routinearbeiten wie das bloße Eingeben von Daten. Wenn wir mit Giddens und Diderot annehmen, daß solche Arbeit nicht in sich erniedrigend sein muß, dann müssen wir uns auf den Rahmen konzentrieren, in dem solche Arbeiten verrichtet werden. Wir müßten hoffen, daß Arbeitsräume und Büros eher so gestaltet werden, daß sie den kooperativen Arbeitsszenen auf den Kupferstichen von L'Anglée möglichst ähnlich sind.

Wenn wir aber der Ansicht zuneigen, daß Routine in sich degradierend ist, greifen wir das Wesen dieses Arbeitsprozesses selbst an. Wir wenden uns ebenso gegen die Routine selbst wie gegen ihren Vater, die tote Hand der Bürokratie. Wir mögen von dem Ziel größerer Marktchancen getrieben sein, von Produktivität und dem Profit. Aber das muß kein nackter Kapitalismus sein. Wir mögen daran glauben, daß Menschen durch flexible Erfahrungen, sowohl bei der Arbeit als auch in anderen Institutionen, besser motiviert werden. Dann stellt sich die Frage, ob die Flexibilität tatsächlich das menschliche Übel beseitigen kann, gegen das sie sich anscheinend richtet. Selbst wenn man voraussetzt, daß Routine den Charakter abstumpft – wie kann Flexibilität dem entgegenwirken und zu mehr menschlichem Engagement führen?

Kapitel 3

Flexibilität

Das Wort »Flexibilität« wurde im 15. Jahrhundert Teil des englischen Wortschatzes. Seine Bedeutung war ursprünglich aus der einfachen Beobachtung abgeleitet, daß ein Baum sich zwar im Wind biegen kann, dann aber zu seiner ursprünglichen Gestalt zurückkehrt. Flexibilität bezeichnet zugleich die Fähigkeit des Baumes zum Nachgeben wie die, sich zu erholen, sowohl die Prüfung als auch die Wiederherstellung seiner Form. Im Idealfall sollte menschliches Verhalten dieselbe Dehnfestigkeit haben, sich wechselnden Umständen anpassen, ohne von ihnen gebrochen zu werden. Die heutige Gesellschaft sucht nach Wegen, die Übel der Routine durch die Schaffung flexiblerer Institutionen zu mildern. Die Verwirklichung der Flexibilität konzentriert sich jedoch vor allem auf die Kräfte, die die Menschen verbiegen.

Die Philosophen der frühen Moderne setzten Biegsamkeit und Flexibilität mit Empfindungsfähigkeit gleich. Im *Versuch über den menschlichen Verstand* schrieb Locke: »das Selbst ist jenes bewußte, denkende Ding ... das Freude und Leid empfindet und zu Glück oder Unglück fähig ist«; im *Traktat über die menschliche Natur* behauptete Hume: »Wenn ich am tiefsten in das eindringe, was ich *mich selbst* nenne, stoße ich stets auf die eine oder andere bestimmte

Wahrnehmung, sei es Hitze oder Kälte, Licht oder Schatten, Liebe oder Haß, Leid oder Freude.«[1] Diese Sinneseindrücke kommen von Reizen in der Außenwelt, welche das Selbst mal in diese, mal in jene Richtung biegen. Smiths Theorie des moralischen Gefühls basierte auf diesen äußeren, wechselnden Reizen.

Später bemühte sich das philosophische Denken über das Selbst, Grundlagen der inneren Regulierung und Wiederherstellung zu finden, die das Bewußtsein vor dem bloßen Fluktuieren der Sinneseindrücke retten würden. In den Schriften der politischen Ökonomie nach Adam Smith lag die Betonung jedoch auf der Biegsamkeit. Eine der Biegsamkeit nahestehende Flexibilität wurde in Beziehung zur Tätigkeit des Unternehmers gesetzt; die politischen Ökonomen des 19. Jahrhunderts kontrastierten die Biegsamkeit mit der Starrheit, vor allem der Starrheit der Routine. Das Leben lag im Ungleichgewicht, Lebhaftigkeit stand in Beziehung zur Stimulation durch wechselnde Sinneseindrücke, Starrheit wurde mit Absterben gleichgesetzt. So betrachtete John Stuart Mill in den *Prinzipien der politischen Ökonomie* die Märkte als eine sowohl gefährliche als auch herausfordernde Bühne des Lebens und die Händler und Kaufleute als Improvisationskünstler.

Dies ist das geistige Territorium, das Adam Smith als erster vermessen hat. Flexibilität gilt heute als Gegenbegriff zu Starre und Leblosigkeit. Aber Smith nannte diese Landschaft ein System der politischen Ökonomie, für ihn waren Flexibilität und Freiheit eins. In unserer Zeit aber hat die Ablehnung der bürokratischen Routine neue Macht- und Kontrollstrukturen ins Leben gerufen, die nichts mit Freiheit zu tun haben.

Im modernen Gebrauch des Wortes »Flexibilität« verbirgt

sich ein Machtsystem. Es besteht aus drei Elementen: dem diskontinuierlichen Umbau von Institutionen, der flexiblen Spezialisierung der Produktion und der Konzentration der Macht ohne Zentralisierung. Die Phänomene, die unter diese drei Kategorien fallen, sind weithin bekannt. Ihr Zusammenhang aber ist nicht so einfach zu definieren. Die neue politische Ökonomie macht vor allem das Verständnis langfristiger Zeit schwer.

Diskontinuierlicher Umbau von Institutionen: Wirtschaftslehrbücher und -magazine tendieren heute dazu, Flexibilität mit der Bereitschaft zur Veränderung gleichzusetzen, aber in Wirklichkeit ist es eine Veränderung ganz besonderer Art. Wenn wir von Veränderung sprechen, nehmen wir eine Zeitvermessung vor. Der Anthropologe Edmund Leach hat versucht, die Erfahrung der sich wandelnden Zeit in zwei Arten zu teilen; bei der einen wissen wir, daß sich etwas wandelt, aber es scheint eine Kontinuität mit dem Vorausgehenden zu besitzen; bei der anderen tritt ein Bruch aufgrund von Handlungen ein, die unser Leben unwiderruflich verändern.[2]

Betrachten wir beispielsweise ein religiöses Ritual wie das Abendmahl: wer die Hostie schluckt, nimmt an demselben Akt teil, der von jemand anderem vor 200 Jahren ausgeführt worden ist. Wenn man weiße Hostien aus Weizen durch solche aus dunklerem Mehl ersetzt, wird die Bedeutung des Rituals nicht nennenswert verändert; das neue Mehl wird ein Teil des Ritus. Wenn man aber darauf besteht, verheirateten Frauen zu gestatten, als Priesterinnen das Abendmahl abzuhalten, verändert man die Bedeutung des Wortes »Priester« womöglich irreversibel, und damit auch die Bedeutung des Abendmahls.

In der Arbeitswelt stehen die Rhythmen, die Diderot in der

Papierfabrik oder Anthony Giddens in seinen Studien über die Gewohnheit darstellte, für die erste Bedeutung einer sich wandelnden, aber kontinuierlichen Zeit. Im Gegensatz dazu sucht flexibler Wandel von der Art, wie er heute die bürokratische Routine attackiert, Institutionen entscheidend und unwiderruflich zu verändern, so daß keine Verbindung zwischen Gegenwart und Vergangenheit mehr besteht.

Eckpfeiler des modernen Managements ist der Glaube, lockere Netzwerke seien offener für grundlegende Umstrukturierungen als die pyramidalen Hierarchien, welche die Ford-Ära bestimmten. Die Verbindung zwischen den Knotenpunkten ist loser; man kann einen Teil entfernen, ohne andere Teile zu zerstören, zumindest in der Theorie. Das System ist fragmentiert, hierin liegt die Gelegenheit zur Intervention. Gerade seine Inkohärenz lädt zu entschiedenem Handeln ein.

Die spezifischen Verfahren zur Umstrukturierung von Institutionen sind inzwischen weit entwickelt. Manager benutzen Software-Programme, die Ausführungsprozeduren standardisieren; durch den Gebrauch von SIMS-Software kann ein sehr großes Unternehmen überblicken, was alle Zellen seines institutionellen Bienenstaates produzieren, und auf diese Weise rasch Redundanzen oder ineffektive Zellen aussondern. Dieselbe Software erlaubt es Buchhaltern und Planern einzuschätzen, welche Unternehmensprogramme oder welches Personal sich bei Firmenzusammenschlüssen einsparen lassen. »Ausdünnung« beschreibt die besondere Praxis, einer kleineren Zahl von Managern Kontrolle über eine größere Zahl von Angestellten zu geben, »vertikale Auflockerung« gibt den Mitgliedern einer kleinen Gruppe mehr und mannigfaltigere Aufgaben innerhalb des Firmenarchipels.

Der gewohnte Begriff für solche Praktiken ist »Re-engineering«, und sein hervorstechendstes Merkmal sind Personaleinsparungen. Die Schätzungen über die Anzahl der Arbeitskräfte, die in den USA von 1980 bis 1995 entlassen wurden, schwanken zwischen 13 und 39 Millionen. Die Einsparungen standen in direktem Verhältnis zur wachsenden Ungleichheit in der Gesellschaft, da nur eine Minderheit der entlassenen Arbeitnehmer im fortgeschrittenen Alter andere Stellen mit derselben oder höherer Bezahlung gefunden hat. In einer modernen Bibel zu diesem Thema, *Re-engineering the Corporation*, verteidigen die Autoren Michael Hammer und James Champy das »downsizing« gegen den Vorwurf, ein bloßer Vorwand dafür zu sein, Leute zu feuern. »... Einsparungen und Verschlankungen bedeuten nur, weniger mit weniger zu leisten. Re-engineering bedeutet dagegen, *mehr* mit weniger zu leisten.«[3] Diese Erklärung evoziert Effizienz – das Wort »Re-engineering« selbst beschwört ein Bild strafferer Organisation herauf, die durch einen entscheidenden Bruch mit der Vergangenheit möglich wird. Doch diese Hintergrundmusik täuscht. Die unter diesem Oberbegriff praktizierten Verfahren schaffen häufig genau deshalb unwiderruflichen Wandel, weil Re-engineering ein äußerst chaotischer Vorgang sein kann.

Viele Firmenchefs waren in den neunziger Jahren der festen Überzeugung, daß eine große Organisation nur in der hochbezahlten Phantasiewelt der Consultingbüros eine neue Strategie entwerfen, sich daraufhin entsprechend verschlanken und umorganisieren und dann mit Volldampf den neuen Plan verwirklichen könne. Erik Clemons, einer der nüchternsten und praktischsten dieser Consultants, bemerkte einmal selbstkritisch, daß »viele, sogar die meisten Versuche des Re-engineering scheitern«, vor allem, weil Institutionen während des Personalabbaus in Funktionsstörungen geraten: Erprobte Geschäftsstrategien werden ausgemustert und revidiert, erwartete Vorteile stellen sich als minimal heraus, das Unternehmen verliert Energie und kommt vom Kurs ab.[4] Institutionelle Veränderungen folgen nicht mehr einem vorgegebenen Pfad, sondern bewegen sich in verschiedene, oft einander widersprechende Richtungen: beispielsweise wird eine profitable Einheit plötzlich verkauft, doch ein paar Jahre später versucht die Mutterfirma, wieder in das Geschäft einzusteigen, in dem sie erfolgreich Geld verdiente, bevor sie mit ihrem Umbau begann. Solche Kehrtwenden haben die Soziologen Scott Lash und John Urry dazu geführt, von der Flexibilität als dem »Ende des organisierten Kapitalismus« zu sprechen.[5]

Diese Formulierung mag extrem erscheinen. Die gängige Managementideologie führt die Kampagne für institutionellen Wandel im Namen größerer Effizienz; vor allem beim Kampf gegen die Übel der Routine beruft sich die neue Ordnung auf Wachstum und Produktivität. Hat sie Erfolg gehabt?

Anfang der neunziger Jahre suchten die American Management Association und die Wyatt Company die Antwort auf diese Frage in gründlichen Studien über Firmen, die einen ernsthaften Personalabbau vorgenommen hatten. Die AMA fand heraus, daß wiederholte Entlassungswellen zu »niedrigeren Gewinnen und sinkender Produktivität der Arbeitskräfte« führten; die Wyatt-Studie kam zu dem Ergebnis, daß »weniger als die Hälfte der Unternehmen ihr Ziel bei der Kostensenkung erreichte; weniger als ein Drittel steigerte die Gewinne«, weniger als ein Viertel steigerte seine Produktivität.[6] Die Gründe für dieses Scheitern erklären sich zum Teil von selbst: Arbeitsmoral und Motivation der Arbeitskräfte sanken im Laufe der verschiedenen Entlassungswellen rapide ab. Die verbliebenen Arbeiter warteten eher auf den nächsten Axthieb, als ihren Sieg im Konkurrenzkampf über die Gefeuerten zu genießen.

Allgemeiner gesagt, obwohl Produktivität überaus schwer zu messen ist, gibt es zumindest gute Gründe zu bezweifeln, daß die gegenwärtige Epoche produktiver ist als die jüngere Vergangenheit. Nehmen wir beispielsweise einen Maßstab des Wachstums, das Bruttoinlandsprodukt. Nach diesem Maßstab war das Wachstum in der Epoche der bürokratischen Dinosaurier größer als in der letzten Generation. (Siehe Tabelle 3.) Wegen des technischen Fortschritts hat es ein deutliches Wachstum im Produktionssektor einiger Länder gegeben. Rechnet man aber alle Formen der Angestelltentätigkeit zur Arbeit im produzierenden Gewerbe hinzu, so hat sich die Produktivität alles in allem verlangsamt, sei es nach dem Arbeitsertrag des einzelnen Arbeiters oder pro Arbeitsstunde. Einige Ökonomen sind sogar der Meinung, bei Hinzunahme aller Kosten der Umstellung auf Computer habe es sogar ein Produktivitätsdefizit gegeben.[7]

Ineffizienz oder Desorganisation bedeuten aber nicht, daß hinter der Praxis abrupter Veränderungen keine Absicht steckt. Eine solche Reorganisierung von Institutionen sendet das Signal aus, der Wandel sei echt, und wie wir nur allzugut wissen, steigen im Laufe einer Umstrukturierung häufig die Aktien solcher Unternehmen, als sei jede Art von Wandel erstrebenswerter als eine Weiterführung des Bisherigen. Bei der Funktionsweise moderner Märkte ist das Aufbrechen von Organisationen gewinnträchtig.

Es gibt für den modernen Kapitalismus jedoch noch wichtigere Gründe, entschiedenen und irreversiblen Wandel anzustreben, so unorganisiert oder unproduktiv er auch sein mag. Diese Gründe haben mit der Volatilität der Märkte zu tun. Die Unbeständigkeit der Nachfrage führt zu einem zweiten Charakteristikum der flexiblen Wirtschaftsordnung, einer genau abgestimmten Spezialisierung der Produktion.

Flexible Spezialisierung: einfach ausgedrückt geht es dabei darum, eine breitere Produktpalette schneller auf den Markt zu bringen. In ihrem Buch *The Second Industrial Divide* beschreiben die Wirtschaftswissenschaftler Michael Piore und Charles Sable, wie die flexible Spezialisierung bei den elastischen Beziehungen zwischen mittelständischen Firmen in Norditalien funktioniert, deren Ziel es ist, schnell auf eine veränderte Nachfrage zu reagieren. Die Firmen kooperieren und konkurrieren zugleich, indem sie Marktnischen suchen, die sie eher vorübergehend als ständig belegen, und sich so der kurzen Halbwertzeit von Bekleidung, Stoffen oder Maschinenteilen anpassen. Die italienische Regierung spielt eine positive Rolle, indem sie diesen Firmen hilft, sich gemeinsam zu modernisieren, statt miteinander auf Leben und Tod zu konkurrieren. Piore und Sable nennen dieses System »eine Strategie der permanenten Innovation: eine Anpassung an den dauernden Wandel anstelle des Versuchs, ihn beherrschen zu wollen«.[8]

Die flexible Spezialisierung ist das Gegenmodell zum Produktionssystem des Fordismus, und zwar bis ins Detail: bei der Auto- und LKW-Produktion ist das von Daniel Bell beobachtete alte, unendlich lange Fließband von Inseln der spezialisierten Produktion abgelöst worden. Deborah Morales, die verschiedene dieser flexiblen Produktionsstätten in der Autoindustrie untersucht hat, unterstreicht, eine wie große Rolle die innovative Reaktion auf die Nachfrage des

Marktes dabei spielt. Sie kann die Aufgaben der Arbeiter innerhalb einer Woche und manchmal von einem Tag auf den anderen verändern.[9]

Die notwendigen Bestandteile der flexiblen Spezialisierung sind uns bereits geläufig. Sie verträgt sich gut mit Hochtechnologie; dank des Computers ist es leicht, Maschinen umzuprogrammieren und neu einzustellen. Die Geschwindigkeit moderner Kommunikationsmittel hat die flexible Spezialisierung ebenfalls gefördert, indem sie einer Firma globale Daten der Märkte sofort verfügbar macht. Außerdem fordert diese Produktionsform schnelle Entscheidungen und paßt so zu kleinen Arbeitsgruppen; in einer großen bürokratischen Pyramide kann sich dagegen der Entscheidungsprozeß verlangsamen, während Informationen nach oben wandern, um von der Zentrale abgesegnet zu werden. Wichtigster Bestandteil dieses neuen Produktionsprozesses ist jedoch die Bereitschaft, das Prinzip »so haben wir es schon immer gemacht« zu verwerfen, erstarrte Unternehmensformen zugunsten der Innovation aufzubrechen und die Binnenstruktur von Unternehmen durch die wechselnden Forderungen der Außenwelt bestimmen zu lassen: all dies erfordert die Akzeptanz entschiedenen, abrupten, irreversiblen Wandels.

Es mag jedoch seltsam erscheinen, zumindest für Amerikaner, ein Beispiel innovativen Produktionswandels aus Italien anzuführen. Obwohl amerikanische wie europäische Unternehmen viel von den japanischen Methoden der flexiblen Spezialisierung gelernt haben, setzt die amerikanische Rhetorik häufig voraus, die amerikanische Wirtschaft sei im ganzen flexibler als andere, da in diesem Land größere Freiheit von staatlicher Einflußnahme herrsche als in Europa oder Japan und es weniger Kungelei, schwächere Gewerkschaften und eine Öffentlichkeit gebe, die abrupten wirtschaftlichen Wandel toleriere. (Siehe Tabellen 4 und 10.)

Die flexible Spezialisierung stellt tatsächlich politische Fragen, ebenso wie das Konzept diskontinuierlichen Wandels. Gibt es Grenzen, wieweit Menschen verbogen werden dürfen? Kann der Staat den Menschen etwas wie die Dehnfestigkeit eines Baumes geben, so daß wir unter dem Druck der Veränderung nicht zerbrechen? Diese Fragen in bezug auf die Flexibilität, welche die politische Ökonomie betreffen, werden in Amerika und in Teilen Europas heute verschieden beantwortet.

Der französische Bankier Michel Albert führt diesen Kontrast weiter, indem er die politischen Ökonomien der entwickelten Länder in ein »Rheinmodell« und ein »anglo-amerikanisches Modell« aufteilt. Das erste besteht seit fast einem Jahrhundert in den Niederlanden, Deutschland und Frankreich: in ihm teilen Gewerkschaften und Management die Macht, und der Wohlfahrtsmechanismus des Staates sorgt für ein vergleichsweise eng gewobenes soziales Netz von Renten, Bildung und Gesundheitsversorgung. Das Rheinmodell ist auch in Italien, Japan, Skandinavien und Israel übernommen worden.

Das andere Modell nennt Albert das »anglo-amerikanische« und bezieht sich dabei eher auf das Großbritannien und die USA von heute als auf die Vergangenheit. Dieses Modell ist eine ungezügeltere Form der freien Marktwirtschaft. Während das Rheinmodell bestimmte Verpflichtungen der Wirtschaft gegenüber dem Gemeinwesen hervorhebt, betont das anglo-amerikanische Modell die Unterordnung der staatlichen Bürokratie unter die Wirtschaft und ist damit bereit, das vom Staat geschaffene Sicherheitsnetz zu lockern.[10]

Das Rheinmodell kann ebenso flexibel und profitabel auf die Märkte reagieren wie das anglo-amerikanische. Norditalien zum Beispiel ist mit seiner Mischung aus Staat und freier Wirtschaft ziemlich »rheinisch« und außerdem flexibel in seiner raschen und geschickten Reaktion auf die wechselnde Nachfrage des Marktes. In einigen Formen der High-Tech-Produktion kann das rheinische dichte Netzwerk wechselnder Zusammenarbeit tatsächlich flexibler sein als sein neoliberaler Verwandter, der stets im Kampf gegen die »Einmischung« der Regierung steht und es auf die Vernichtung seiner Konkurrenten abgesehen hat. Die Beziehung zwischen Markt und Staat aber zeigt die entscheidende Differenz der Systeme.

Die Staaten des Rheinmodells bremsen im allgemeinen Veränderungen, bei denen ihre schwächeren Bürger Nachteile erleiden, dagegen tendiert das anglo-amerikanische Modell dazu, Veränderungen im Arbeitsleben dennoch zu verfolgen. Das Rheinmodell ist eher bürokratiefreundlich, während das anglo-amerikanische nach dem Prinzip »im Zweifel gegen den Angeklagten« verfährt. Der frühere niederländische Premierminister Ruud Lubbers hat die Auffassung vertreten, das Vertrauen der Niederländer zu ihrer Regierung habe schmerzhafte wirtschaftliche Anpassungen ermöglicht, die eine staatsfeindlichere Bevölkerung nicht akzeptiert hätte.[11] Aus diesen Gründen wird dem anglo-amerikanischen Modell oft das Etikett »Neoliberalismus« aufgeklebt (liberal im ursprünglichen Sinne von ungeregelt), dem Rheinmodell das Etikett »Staatskapitalismus«.

Beide Systeme haben ihre Mängel. In der anglo-amerikanischen Ordnung hat es niedrige Arbeitslosigkeit, dafür wachsende Einkommensunterschiede gegeben. Die harten Fakten der Einkommensunterschiede in der anglo-amerikanischen Ordnung sind tatsächlich schwindelerregend. Der Ökonom Simon Head ist zu dem Schluß gekommen, für die unteren 80% der amerikanischen Arbeitnehmer sei das wöchentliche Durchschnittseinkommen von 1973 bis 1995 inflationsbereinigt um 18% gesunken, während das Einkommen der Spitzenkräfte um 19% vor Steuern anstieg und um 66%, nachdem die Steuerberater ihre Kunststücke vollbracht hätten.[12] Ein anderer Wirtschaftswissenschaftler weist nach, das oberste Prozent der amerikanischen Berufstätigen habe sein Realeinkommen zwischen 1979 und 1989 mehr als verdoppelt.[13] In England schätzte die Zeitschrift *The Economist* kürzlich, die oberen 20% der arbeitenden Bevölkerung verdienten siebenmal soviel wie die 20% am unteren Ende, während es vor zwanzig Jahren nur viermal soviel war.[14] Ein amerikanischer Arbeitsminister hat die Auffassung vertreten: »Wir sind auf dem Wege, eine zweigeteilte Gesellschaft aus ein paar Gewinnern und einer riesigen Gruppe von Verlierern zu werden«, eine Meinung, der sich der Vorsitzende der US-Zentralbank angeschlossen hat, der kürzlich erklärte, ungleiches Einkommen könne »eine wesentliche Bedrohung für unsere Gesellschaft werden«.[15]

Während sich die Schere zwischen den Einkommen in den Staaten des Rheinmodells in der letzten Generation nicht so weit geöffnet hat, ist die Arbeitslosigkeit zum Fluch geworden. In den drei Jahren zwischen 1993 und 1996 schuf die amerikanische Wirtschaft 8,6 Millionen Arbeitsplätze, und ab 1992 begann auch in Großbritannien die Beschäftigung zuzunehmen, während der japanische und fast alle kontinentaleuropäischen Arbeitsmärkte im letzten Jahrzehnt stagnierten.[16] (Siehe Tabelle 2.)

Die Darlegung dieser Unterschiede unterstreicht eine einfache Tatsache. Die Form der flexiblen Produktion in einer Gesellschaft hängt von der Organisation der Macht in dieser Gesellschaft ab. Wie Sables und Piores Studie für Italien und wie die japanischen Erfolge in der Elektronik- und Autoproduktion zeigen, kann flexible Produktion unter verschiedenen Bedingungen praktiziert werden. Die anglo-amerikanische Ordnung setzt wenig politische Begrenzungen für Einkommensunterschiede, während die Sozialversicherungen der Staaten des Rheinmodells nach Auffassung mancher Ökonomen die Schaffung von Arbeitsplätzen behindern. Aus diesem Grund ist das Wort »Ordnung« nützlich; es deutet auf die Machtbedingungen, die Märkte und Produktion bestimmen.

Konzentration ohne Zentralisierung: dies ist das dritte Charakteristikum einer flexiblen Ordnung. Die Veränderungen in Netzwerken, Märkten und Produktion erlauben etwas, das wie ein Widerspruch in sich selbst klingt, die Konzentration der Macht ohne deren Zentralisierung.

Unter anderem wird zugunsten der neuen Organisationsform der Arbeit behauptet, sie dezentralisiere die Macht, das heißt, sie gebe den Menschen auf den niedrigeren Ebenen von Unternehmen mehr Kontrolle über ihr eigenes Handeln. In bezug auf die Methoden, mit denen die alten bürokratischen Dinosaurier zerschlagen wurden, ist dieser Anspruch gewiß unrichtig. Die neuen Informationssysteme liefern der Führungsetage in Wirklichkeit ein umfassendes Bild, so daß der einzelne wenig Möglichkeiten hat, sich innerhalb des Netzwerks zu verstecken; SIMS ersetzt die Verhandlungen, die ihn schützen konnten, da er dabei nur mit seinen unmittelbaren Vorgesetzten zu tun hatte. In ähnlicher Weise sind flachere Hierarchien und Verschlankung alles andere als dezentralisierende Verfahren. Es gibt ein Festland der Macht in der Inselgruppe flexibler Macht. Irgend jemand auf dem Festland muß entscheiden, daß »Barbados« die Aufgaben übernehmen kann, die früher von »Trinidad« oder »Guadeloupe« erfüllt wurden; »Barbados« wird sich wohl kaum selbst um zusätzliche Lasten reißen.

Die Überlastung kleiner Arbeitsgruppen durch viele unterschiedliche Aufgaben ist regelmäßiges Merkmal des Unternehmensumbaus – und das Gegenteil der immer weitergehenden Arbeitsteilung, die Adam Smith für die Nagelfabrik voraussah. Solche Experimente jedoch mit Zehn- oder Hunderttausenden von Angestellten durchzuführen, erfordert eine immense Macht. Die neue Ordnung fügt der Ungleichheit somit neue Formen der ungleichen, willkürlichen Macht innerhalb der Organisation hinzu.

Betrachten wir in diesem Zusammenhang die Firmennamen der Computer, die wir kaufen. Sie sind eine Collage von überall auf der Welt hergestellten Einzelteilen, der Firmenname steht bestenfalls noch für das Zusammensetzen am Schluß. Sie werden auf einem globalen Arbeitsmarkt produziert, eine »Aushöhlung« genannte Praxis, da der Firmenname ein hohles Zeichen ist. In seiner klassischen Studie *Lean and Mean* zeigt Bennett Harrison, daß die hierarchische Macht bei dieser Produktionsform fest verankert bleibt; das Großunternehmen behält das wechselnde Ensemble abhängiger Firmen fest im Griff und gibt Einbußen wegen Rezession oder erfolgloser Produkte an seine schwächeren Partner weiter, die stärker darunter leiden. Die Inseln der Arbeit liegen vor einem Festland der Macht.

Harrison nennt dieses Netzwerk ungleicher und instabiler Beziehungen »Konzentration ohne Zentralisierung«. Die

Organisation besteht aus den Verbindungen und Knoten des Netzes. Kontrolle läßt sich ausüben, indem Produktions- oder Gewinnvorgaben für eine breite Spanne von Gruppen innerhalb der Organisation gemacht werden. Jede Einheit kann dann frei entscheiden, wie sie diese Vorgaben verwirklichen will. Dies ist jedoch eine vorgegaukelte Freiheit. Flexible Organisationen setzen nur selten leicht erreichbare Ziele; gewöhnlich stehen die Einheiten unter Druck, weit mehr zu produzieren oder zu verdienen, als in ihrer unmittelbaren Macht steht. Die Zwänge von Angebot und Nachfrage stehen selten mit diesen Zielen im Einklang; es wird von oben versucht, die Einheiten trotz dieser Grenzen immer stärker zu beanspruchen.[17]

Ein weiterer Weg, das von Harrison beschriebene Machtsystem zu verstehen, liegt in der Aussage, der Angriff auf die starre Routine habe nicht zu *weniger* Struktur geführt. Die Struktur verharrt in den Kräften, die Gruppen oder einzelne zu immer höherer Leistung antreiben. Wie diese bewerkstelligt werden soll, bleibt dabei offen; die Spitze der flexiblen Organisation gibt darauf selten eine Antwort. Sie stellt eher Forderungen auf, als ein System zu entwerfen, durch das sich die Forderungen auch ausführen lassen. »Konzentration ohne Zentralisierung« ist eine Methode, Befehle innerhalb einer Struktur zu übermitteln, die nicht mehr so klar wie eine Pyramide aufgebaut ist – die institutionelle Struktur ist gewundener, nicht einfacher geworden. Aus diesem Grund ist das Wort »Entbürokratisierung« ebenso irreführend wie unelegant. In modernen Organisationen, die Konzentration ohne Zentralisierung praktizieren, ist die organisierte Macht zugleich effizient und formlos.

Das Zusammenwirken der drei Elemente der flexiblen Ordnung wird bei der Organisation der Zeit am Arbeitsplatz deutlich. Flexible Organisationen experimentieren heute mit variablen Zeitplänen – der sogenannten »Flex-Zeit«. Statt fester Schichten, die von Monat zu Monat konstant bleiben, ist der Arbeitstag ein Mosaik von Menschen, die nach verschiedenen, individuellen Zeitplänen arbeiten – wie zum Beispiel in Jeannettes Büro. Dieses Mosaik der Arbeitszeit scheint weit von der monotonen Organisation der Arbeit in der Nagelfabrik entfernt, tatsächlich erscheint es als Befreiung der Arbeitszeit, ein wahrer Vorteil des Angriffs der modernen Organisation auf die standardisierte Routine. In der Realität ist »Flex-Zeit« jedoch etwas anderes.

Die flexible Arbeitszeit entstand, als mehr Frauen ins Berufsleben traten. Frauen aus der Unterschicht wie Flavia, Enricos Frau, haben stets in größerer Zahl gearbeitet als Frauen aus dem Bürgertum. In der letzten Generation gesellte sich, wie schon erwähnt, eine große Zahl von Frauen zum Arbeitskräftepotential der Mittelschicht in den USA, Europa und Japan, die auch, als sie schon Kinder hatten, berufstätig blieben; sie stießen zu den Frauen, die bereits auf niedrigeren Ebenen und in der Produktion arbeiteten. 1960 waren etwa 30% der amerikanischen Frauen berufstätig, 1990 fast 60%. In den entwickelten Wirtschaften der Welt waren 1990 fast 50% der Arbeitnehmer im technischen und Dienstleistungsbereich Frauen, die meisten von ihnen mit Vollzeitstellen.[18]

Diese Arbeit war durch materielle Notwendigkeit ebenso wie durch persönliche Wünsche motiviert, heutzutage erfordert der Lebensstandard der Mittelschicht im allgemeinen zwei Verdiener. Diese weiblichen Arbeitskräfte brauchten jedoch flexiblere Arbeitszeiten; viele von ihnen sind Teilzeitkräfte und bleiben Vollzeiteltern. (Siehe Tabelle 5.)

Der Eintritt von mehr Frauen aus der Mittelschicht in den Arbeitsmarkt beförderte größere Innovationen bei der Flexibilisierung von Vollzeit- wie Teilzeitstellen. Inzwischen haben diese Veränderungen die Geschlechtergrenze überschritten, so daß auch Männer flexiblere Zeitpläne haben. Gleitende Arbeitszeit wird heute auf verschiedene Arten verwirklicht. Die einfachste, die auf die eine oder andere Art von ungefähr 70% der amerikanischen Unternehmen benutzt wird, besteht darin, daß ein Arbeitnehmer bei einer normalen Arbeitswoche selbst entscheidet, in welcher Zeit er oder sie täglich in der Fabrik oder im Büro ist. Am anderen Ende der Skala erlauben etwa 20% der Firmen eine »komprimierte« Arbeitszeit, bei der ein Angestellter sein Wochenpensum in vier Tagen erledigt. Heimarbeit ist heute bei etwa 16% der Firmen möglich, besonders im Bereich Dienstleistungen, Verkauf und Technik, was vor allem durch die Entwicklung elektronischer Kommunikationsnetze möglich wurde. In den Vereinigten Staaten genießen weiße Männer und Frauen aus der Mittelschicht heutzutage den Zugang zu flexibler Arbeitszeit – mehr als Fabrikarbeiter oder Ungelernte. Ihr Arbeitstag ist privilegiert; Abend- oder Nachtarbeit wird noch immer von den weniger privilegierten Klassen verrichtet. (Siehe Tabelle 6.)

Diese Tatsache verweist darauf, daß flexible Arbeitszeit, obwohl sie scheinbar eine größere Freiheit verspricht als für den Arbeiter, der an die Routine in Smiths Nagelfabrik gekettet war, in Wirklichkeit in ein neues Gewebe der Macht eingebunden ist. Flexible Arbeitszeit ist nicht wie der Ferienkalender, bei dem die Arbeitnehmer wissen, was sie zu erwarten haben; ebensowenig läßt sie sich mit der Summe von Wochenarbeitsstunden vergleichen, die für die Angestellten auf den unteren Ebenen gelten. Laut der Managementforscherin Lotte Baylin ist flexible Arbeitszeit eher eine Belohnung für begünstigte Arbeitnehmer als ein allgemeines Recht; es ist eine ungleich verteilte und strikt eingeschränkte Belohnung, sowohl in Amerika als auch in anderen Ländern, die sich der amerikanischen Praxis annähern.[19]

Wenn flexible Arbeitszeit ein vom Arbeitgeber verliehenes Privileg ist, so ist sie auch eine neue Form seiner Macht. Sie zeigt sich bei der flexibelsten Form der Arbeitszeit, der Heimarbeit. Diese Vergünstigung ruft unter Arbeitgebern große Unruhe hervor, sie befürchten, die Kontrolle über ihre abwesenden Arbeitskräfte zu verlieren, und hegen den Verdacht, die Heimarbeiter könnten ihre Freiheit mißbrauchen.[20] Als Konsequenz ist eine Fülle von Kontrollen entstanden, welche die Arbeitsprozesse derer regeln, die nicht im Büro arbeiten. Kontrollen über Telefon oder Internet überwachen den abwesenden Arbeitnehmer, E-Mail wird von Vorgesetzten geöffnet. Nur wenige Organisationen mit flexibler Arbeitszeit sagen ihren Arbeitskräften wie beim klassischen Tagewerk: »Hier ist eine Aufgabe, solange ihr sie erfüllt, könnt ihr machen, was ihr wollt.« Ein Arbeitnehmer mit flexibler Arbeitszeit bestimmt den Ort seiner Arbeit, gewinnt aber nicht mehr Kontrolle über den eigentlichen Arbeitsprozeß. Inzwischen deutet eine Reihe von Studien darauf hin, daß die abwesenden Arbeitskräfte oft intensiver überwacht werden, als die innerhalb des Büros.[21]

Die Arbeitnehmer tauschen somit eine Form der Überwachung – von Angesicht zu Angesicht – gegen eine elektronische ein. Dies bemerkte beispielsweise Jeannette, als sie an einen flexibleren Arbeitsplatz an die Ostküste zurückkehrte. Das Mikromanagement der Zeit schreitet voran, wenn auch die Zeit im Vergleich mit den Übeln von Smiths Nagelfabrik oder dem Stumpfsinn des Fordismus dereguliert erscheint. Daniel Bells »metrische Logik« ist von der Stechuhr auf den Computerbildschirm gewandert. Die Arbeit ist physisch dezentralisiert, die Macht über den Arbeitnehmer stärker zentralisiert worden. Heimarbeit ist die endgültige Insel des neuen Regimes.

Dies sind also die Kräfte, welche die Menschen dem Wandel unterwerfen: Re-engineering, flexible Spezialisierung, Neo-Liberalismus. Das Wesen des flexiblen Wandels soll es sein, sich von der Vergangenheit zu lösen und das Vorausgehende entschieden und unwiderruflich zu verändern. Beim Angriff auf die Routine erscheint eine neue Freiheit der Zeit, doch ihre Erscheinung täuscht. Die Zeit in Unternehmen und für den einzelnen ist aus dem eisernen Käfig der Vergangenheit entlassen, aber neuen Kontrollen und neuer Überwachung von oben unterworfen. Die Zeit der Flexibilität ist die Zeit einer neuen Macht.

Smiths Aufklärungsversion der Flexibilität lebte in der Vorstellung, daß sie die Menschen sowohl psychisch als auch materiell bereichern würde. Spontaneität und Lebhaftigkeit sollten die dominierenden Züge des flexiblen Charakters sein. Eine ganz andere Charakterstruktur taucht aber unter denen auf, die die moderne flexible Macht ausüben.

Während der letzten Jahre habe ich stets das winterliche Treffen von Spitzenvertretern aus Wirtschaft und Politik in Davos besucht. Man erreicht den Ort über eine schmale Alpenstraße. Davos liegt entlang einer Hauptstraße, die von Hotels, Geschäften und Chalets gesäumt ist. Thomas Mann ließ hier den *Zauberberg* in einem Grand Hotel, das als Tuberkulose-Sanatorium diente, spielen. Für die Dauer des Weltwirtschaftsforums ist Davos jedoch eher eine Heimstätte der Macht als der Gesundheit.

Eine Schlange von Limousinen kriecht die Hauptstraße entlang zum Konferenzzentrum, wo Wachen mit Hunden und Metalldetektoren stehen. Jeder der 2000 Besucher braucht eine elektronische Sicherheitsplakette, um in den Saal zu kommen, doch die Plakette tut mehr, als Krethi und Plethi fernzuhalten. Sie hat einen elektronischen Code, der es dem Träger erlaubt, Botschaften über ein raffiniertes Computersystem zu senden und zu empfangen und so Treffen zu arrangieren oder andere Dinge zu verhandeln – in den Foyers, auf den Skipisten oder bei den exquisiten Diners, deren Tischordnung regelmäßig von geschäftlichen Erfordernissen durcheinandergebracht werden.

Davos widmet sich der globalen wirtschaftlichen Erwärmung, und das Konferenzzentrum ist voller Ex-Kommunisten, die das Loblied des freien Welthandels und der Konsumgesellschaft singen. Englisch ist seine *lingua franca*, was Amerikas beherrschende Stellung im neuen Kapitalismus anzeigt, und die meisten Anwesenden sprechen hervorragend englisch. Das Weltwirtschaftsforum ähnelt mehr einem Hofstaat als einer Konferenz. Seine Monarchen sind die Spitzen der Großbanken oder Großunternehmen, die gut zuhören können. Die Höflinge sprechen flüssig und gedämpft und hoffen auf Kredite oder Verkäufe. Davos kostet Geschäftsleute (die meisten davon männlich) eine Menge Geld, und es kommen nur die Leute von ganz oben. Doch über der höfischen Atmosphäre hängt eine gewisse Angst, die Angst, selbst in diesem schneebedeckten Versailles »außen vor« zu sein.

Eine Art Familienbitterkeit hat mich immer wieder als Beobachter nach Davos kommen lassen. Meine Eltern und Großeltern gehörten der amerikanischen Linken an. Mein Vater und mein Onkel kämpften im spanischen Bürgerkrieg, zunächst gegen die Faschisten, gegen Ende des Krieges aber auch gegen die Kommunisten. Kampf gefolgt von Desillusionierung ist ganz allgemein die Geschichte der amerikanischen Linken gewesen. Meine eigene Generation mußte ihre Hoffnungen begraben, als der revolutionäre Aufschwung von 1968 in den darauffolgenden Jahren versickerte. Die meisten von uns haben sich ein wenig unbehaglich in jener nebulösen Zone links von der Mitte angesiedelt, wo hochtrabende Worte mehr zählen als Taten.

Und hier auf den Schweizer Skipisten, wie zum Sport gekleidet, sind die Sieger versammelt. Eines habe ich aus meiner Vergangenheit gelernt: es wäre fatal, sie bloß als Bösewichte zu sehen. Während meinesgleichen darin geübt ist, die Realität ständig mit einer Art passivem Argwohn zu betrachten, ist der Hofstaat von Davos voller Energie. Er verkörpert die großen Veränderungen, die unser Zeitalter geprägt haben: neue Technologien, den Angriff auf starre Bürokratien und eine grenzenüberschreitende Wirtschaft. Nur wenige der Leute, die ich dort traf, waren zu Beginn ihrer Laufbahn so reich und mächtig wie jetzt. Dies ist eine strahlende Versammlung der Erfolgreichen, und viele ihrer Erfolge schulden sie der Ausübung der Flexibilität.

Der *Homo Davosiensis* verkörpert sich am medienwirksamsten in Bill Gates, dem allgegenwärtigen Chef von Microsoft. Kürzlich erschien er, wie alle Hauptredner, sowohl persönlich als auch auf einem riesigen Bildschirm. Einige Fachleute im Saal murrten, während der riesige Kopf sprach, sie finden die Produkte von Microsoft mittelmäßig. Aber für die meisten Führungskräfte ist er ein Held, und das nicht nur, weil er eine gewaltige Firma aus dem Nichts geschaffen hat. Er ist das Musterbeispiel eines flexiblen Wirtschaftsbosses, wie sich erst kürzlich zeigte, als er entdeckte, daß er die Möglichkeiten des Internet nicht vorhergesehen hatte. Gates änderte den Kurs seiner gewaltigen Firma von einem Augenblick zum anderen und stellte seinen geschäftlichen Fokus auf den neuen Markt ein.

Als Kind besaß ich eine Buchreihe mit dem Namen »Die kleine Lenin-Bibliothek«, die anschaulich den Charakter aus eigener Kraft aufgestiegener Kapitalisten schilderte; eine besonders grausige Illustration zeigte John D. Rockefeller als Elefanten, der unglückliche Arbeiter niedertrampelte, während sein Rüssel Eisenbahnwagen und Öltürme an sich riß. Der *Homo Davosiensis* mag rücksichtslos und habgierig sein, aber diese vitalen Eigenschaften genügen nicht, um dic persönliche Stärke der hier versammelten Technologiemogule, Risikokapitalisten und Re-engineering-Experten zu erklären.

Gates beispielsweise scheint frei von der Besessenheit, Dinge festzuhalten. Seine Produkte kommen rasend schnell auf den Markt und verschwinden ebenso schnell wieder, im Gegensatz zu Rockefeller, der Öltürme, Gebäude, Maschinen oder Eisenbahnen langfristig besitzen wollte. Fehlende langfristige Bindung scheint auch Gates' Haltung gegenüber der Arbeit zu kennzeichnen: Statt sich in einem festumrissenen Job selbst zu lähmen, erklärte er, solle man sich lieber in einem Netz von Möglichkeiten bewegen. Allen Berichten nach ist er ein rücksichtsloser Konkurrent, und seine Habgier ist gut dokumentiert; er hat nur einen winzigen Teil seiner Milliarden für Stiftungen oder das Wohl der Allgemeinheit aufgewendet. Doch die flexible Fähigkeit zur Anpassung zeigt sich in seinem Willen, das von ihm Geschaffene zu zerstören, wenn es die Situation erfordert – er ist zum Loslassen fähig, wenn schon nicht zum Geben.

Dieses Fehlen langfristiger Bindungen ist mit einem zweiten persönlichen Merkmal der Flexibilität verbunden, der Hinnahme von Fragmentierung. Als Gates im letzten Jahr sprach, gab er einen spezifischen Ratschlag. Er sagte uns, das Wachstum von Technologiefirmen sei eine unordentliche Angelegenheit, voller Experimente, Sackgassen und Widersprüche. Dasselbe erzählten auch andere amerikanische High-Tech-Vertreter ihren Kollegen aus den europäischen Ländern des Rheinmodells, die scheinbar auf die alte formalistische Art eine systematische »Technologiepolitik« für ihre Firmen oder ihre Länder anstreben. Wachstum findet nicht auf diese ordentliche, bürokratisch geplante Art statt, sagten die Amerikaner.

Vielleicht ist es nicht mehr als wirtschaftliche Notwendigkeit, was die Kapitalisten heute zur gleichzeitigen Verfolgung vieler Möglichkeiten treibt. Solche praktischen Realitäten erfordern jedoch eine besondere Charakterstärke – das Selbstbewußtsein eines Menschen, der ohne feste Ordnung auskommt, jemand, der inmitten des Chaos aufblüht. Wie wir gesehen haben, litt Rico emotional unter der gesellschaftlichen Entwurzelung, die seinen Erfolg begleitete. Die wahren Sieger leiden nicht unter der Fragmentierung, sie regt sie vielmehr an, an vielen Fronten gleichzeitig zu arbeiten; das ist Teil der Energie, die den irreversiblen Wandel antreibt.

Die Fähigkeit, sich von der eigenen Vergangenheit zu lösen

und Fragmentierung zu akzeptieren, ist der herausragende Charakterzug der flexiblen Persönlichkeit, wie sie in Davos an den Menschen abzulesen ist, die im neuen Kapitalismus wirklich zu Hause sind. Doch diese Eigenschaften kennzeichnen die Sieger. Auf den Charakter jener, die keine Macht haben, wirkt sich das neue Regime ganz anders aus.

Kapitel 4

Unlesbarkeit

Im alten Regime der Routinezeit war es in Adam Smiths Augen vollkommen klar, was ein Arbeiter jeden Tag an seiner Arbeitsstelle zu tun hatte. Im flexiblen Regime ist das, was zu tun ist, unlesbar geworden.

Ein Jahr nach dem Gespräch mit Rico besuchte ich wieder die Bostoner Bäckerei, wo ich fünfundzwanzig Jahre zuvor eine Gruppe von Bäckern für das Buch *The Hidden Injuries of Class* interviewt hatte. Ich war damals gekommen, um sie über ihre Wahrnehmungen der Klassenstruktur in Amerika zu befragen. Wie fast jedermann in Amerika gaben sie an, zur Mittelschicht zu gehören; auf den ersten Blick hatte der Gedanke gesellschaftlicher Klassen wenig Bedeutung für sie. Seit Tocqueville haben Europäer dazu geneigt, den ersten Eindruck für die Wirklichkeit zu nehmen. Manche haben den Schluß gezogen, wir Amerikaner seien tatsächlich eine klassenlose Gesellschaft, zumindest in unseren Lebensformen und Überzeugungen, eine Demokratie der Konsumenten; andere wie Simone de Beauvoir waren der Meinung, wir seien über unsere wahren Unterschiede hoffnungslos desorientiert.

Meine Interviewpartner vor fünfundzwanzig Jahren waren nicht blind, ihre Wahrnehmung gesellschaftlicher Klassen war durchaus deutlich, wenn auch nicht nach europäischen

Begriffen. Klassenzugehörigkeit hatte mit einer viel persönlicheren Einschätzung zu tun, die Persönlichkeit und Lebensumstände vermengte. In Amerika neigt man dazu, Klassenzugehörigkeit als Frage des persönlichen Status zu interpretieren. Dadurch lassen sich zwischen den Menschen sehr scharfe Abgrenzungen ziehen; so behandeln die Kunden amerikanischer Fast-Food-Restaurants das Personal mit einer Gleichgültigkeit und Grobheit, die in einem englischen Pub oder einem französischen Café beleidigend und unannehmbar wären. Die Massen scheinen keiner Beachtung als menschliche Wesen wert, also kommt es darauf an, sich soweit wie möglich von der Masse abzuheben. Die Amerikaner sind vom Individualismus besessen. Das Bedürfnis nach Status drückt sich auf sehr persönliche Weise aus: man möchte als Individuum respektiert werden. Wenn also 80% einer Gruppe von Bäckern sagen: »Ich gehöre zur Mittelschicht«, dann ist die Frage, auf die sie eigentlich antworten, nicht die Frage nach Wohlstand oder Macht. Ihre Antwort will sagen: Ich bin gut genug.

Objektive Messungen der gesellschaftlichen Stellung, die Europäer wirtschaftlich als Klassenzugehörigkeit verstehen, werden von Amerikanern häufiger in Hinsicht auf Rasse und Abstammung vorgenommen. Als ich die Bostoner Bäcker zuerst interviewte und die Bäckerei noch einen italienischen Namen trug und italienisches Brot produzierte, waren die meisten Bäcker griechischer Abstammung; sie waren die Söhne von Bäckern, die schon für dieselbe Firma gearbeitet hatten. Für diese griechischen Amerikaner war »schwarz« ein Synonym für »arm«, und durch die Alchemie der Übertragung objektiver sozialer Stellung in persönlichen Status wurde »arm« ein Synonym für »heruntergekommen«. Es erboste meine damaligen Interviewpartner, daß die Elite – das heißt Ärzte, Anwälte, Professoren und andere privilegierte Weiße – mehr Mitgefühl für diese angeblich faulen, von der Wohlfahrt abhängigen Schwarzen hatte, als für die Sorgen hart arbeitender, unabhängiger Amerikaner in der Mittelschicht – ein Ressentiment, das sich zugleich gegen oben und unten richtete. Rassenhaß verriet auf diese Weise ein diffuses Klassenbewußtsein.

Die griechische Abstammung der Bäcker half ihnen wiederum, ihre Position auf der gesellschaftlichen Skala einzuordnen. Die Griechen legten großes Gewicht darauf, daß die Bäckerei in italienischem Besitz war. Viele Bostoner Italiener waren genauso arm wie andere ethnische Gruppen, aber es war ein Klischee in diesen anderen Gruppen, daß solche Italiener, die es in der Gesellschaft zu etwas gebracht hatten, von der Mafia unterstützt worden waren. Die griechischen Bäcker betonten ihre griechische Abstammung, als wäre sie ein Ausweis ihrer Ehrlichkeit, und ihre große Sorge galt dem Bemühen, diese griechischen Wurzeln in ihren Kindern zu erhalten. Überdies waren sie sich sicher, daß Bostons weiße, angelsächsische Protestanten auf Einwanderer wie sie hinabschauten – was vielleicht eine realistische Einschätzung war.

Das traditionelle marxistische Modell des Klassenbewußtseins basiert auf dem Produktionsprozeß, besonders darauf, wie die Arbeiter über ihre Arbeit zueinander in Beziehung treten. Die Bäckerei gab den Bäckern ein Gemeinschaftsgefühl. In gewisser Hinsicht ähnelte sie eher Diderots Papiermühle als Smiths Nagelfabrik, da das Brotbacken eine ballettähnliche Tätigkeit war, deren Beherrschung jahrelange Übung erforderte. Im Gegensatz zur idealisierten Papiermühle war die Bäckerei jedoch voller Lärm, der Geruch von

Hefe vermischte sich in den heißen Räumen mit dem von Schweiß, die Hände der Bäcker waren ständig in Mehl und Wasser getunkt, die Männer benutzten ihre Nase ebenso wie ihre Augen, um festzustellen, ob das Brot gut sei. Ihr Handwerkerstolz war groß, aber sie sagten, ihre Arbeit mache ihnen keinen Spaß, und das glaubte ich ihnen. Das Hantieren an den Öfen führte oft zu Verbrennungen, die primitive Teigrührmaschine strapazierte die Muskeln, und es war Nachtarbeit, was dazu führte, daß diese so familienorientierten Männer ihre Familien außerhalb des Wochenendes nur selten sahen.

Bei der Beobachtung ihrer Plackerei schien es mir jedoch, daß die ethnische Gemeinschaft ihrer griechischen Abstammung die Solidarität bei dieser schwierigen Arbeit ermöglichte – guter Arbeiter, guter Grieche. Die Gleichsetzung war eher in der konkreten Situation sinnvoll als in der Abstraktion. Natürlich mußten die Bäcker eng zusammenarbeiten, um die unterschiedlichen Tätigkeiten in der Bäckerei zu koordinieren. Als zwei Brüder, die Alkoholiker waren, betrunken zur Arbeit kamen, lasen ihnen andere die Leviten, indem sie auf das Unglück hinwiesen, das sie über ihre Familien brächten, und auf den Prestigeverlust ihrer Familien in der griechischen Gemeinschaft. Kein guter Grieche genannt zu werden, war ein wirkungsvolles Mittel der Beschämung und damit der Arbeitsdisziplin.

Wie Rico hatten die griechischen Bäcker in der italienischen Bäckerei eine Reihe bürokratischer Leitlinien entwickelt, um ihre Erfahrung langfristig zu organisieren. Die Stellen in der Bäckerei waren von den Vätern auf die Söhne übergegangen, und zwar mit Hilfe der örtlichen Gewerkschaft, die auch Löhne, Prämien und die Altersversorgung strikt regelte. Gewiß erforderte die klare Weltsicht dieser Bäckerwelt bestimmte Fiktionen. Der erste Besitzer war ein sehr armer Jude gewesen, der das Geschäft hochgebracht hatte und es dann an eine mittelgroße Aktiengesellschaft verkaufte, deren zwei Vizepräsidenten zufällig italienisch klingende Namen trugen – dies wurde dadurch vereinfacht, daß man die Besitzer mit der Mafia gleichsetzte. Die Gewerkschaft, die das Leben der Bäcker organisierte, war in Wirklichkeit verrottet, einigen ihrer Funktionäre drohten Haftstrafen wegen Korruption, auch die Pensionskasse war angezapft worden. Dennoch sagten mir die Bäcker, diese korrupten Gewerkschaftsfunktionäre verstünden ihre Bedürfnisse.

Dies waren also die Formen, mit der eine Gruppe von Arbeitern in persönlicher Sprache sich selbst die Bedingungen verständlich machte, an denen ein Europäer die Klassenzugehörigkeit ablesen würde. Rasse galt als Abmessung nach unten, ethnische Zugehörigkeit nach oben, und sie definierte auch das »Wir« der Bäcker. Der Charakter der Angestellten drückte sich in ehrlicher Arbeit aus, in der Solidarität mit den anderen, in der Zugehörigkeit zu derselben Gemeinde. Als ich nach der Begegnung mit Rico in die Bäckerei zurückkehrte, war ich verblüfft, wieviel sich verändert hatte.

Inzwischen gehört die Firma einem riesigen Nahrungsmittelkonzern. Die Bäckerei ist aber trotzdem nicht auf Massenproduktion umgestellt worden. Sie arbeitet nach Piores und Sables Prinzipien der flexiblen Spezialisierung und bedient sich hochentwickelter, vielseitig einsetzbarer Maschinen. An einem Tag können die Bäcker 1000 Baguettes herstellen, am nächsten 1000 Bagels, je nach der unmittelbaren Nachfrage in Boston. Die Bäckerei riecht nicht länger nach Schweiß, und in ihren Räumen ist es erstaunlich kühl, während sich die Arbeitskräfte früher regelmäßig vor Hitze übergeben mußten. Unter dem beruhigenden fluoreszierenden Licht ist jetzt alles seltsam still.

Sozial gesehen, ist es kein griechischer Betrieb mehr. Alle, die ich kannte, sind in Pension gegangen; inzwischen arbeiten hier ein paar junge Leute italienischer Abstammung, dazu zwei Vietnamesen, ein alternder und unfähiger weißer Hippie, sowie mehrere Leute ohne feststellbare ethnische Zugehörigkeit. Überdies besteht der Betrieb nicht länger nur aus Männern; zu den Angestellten italienischer Abstammung zählte ein kaum dem Teenageralter entwachsenes Mädchen, eine andere Frau hat zwei erwachsene Kinder. Den ganzen Tag herrscht bei den Arbeitskräften ein ständiges Kommen und Gehen, die Bäckerei ist ein kompliziertes Netz von Teilzeitarbeit für die Frauen und sogar für einige Männer, eine sehr viel flexiblere Arbeitszeit hat die alte Nachtschicht abgelöst. Die Macht der Bäckergewerkschaft existiert nicht mehr, infolgedessen haben die jungen Leute keine von der Gewerkschaft ausgehandelten Verträge und arbeiten nicht nur mit einer flexiblen Arbeitszeit, sondern auch nach Bedarf. Am erstaunlichsten ist nach den Vorurteilen der alten Bäckerei, daß der Vorarbeiter ein Schwarzer ist.

Aus der Sicht der früheren griechischen Angestellten mußten all diese Veränderungen verwirrend sein. Diese Bouillabaisse von Abstammung, Geschlecht und Rasse macht es schwer, gesellschaftliche Positionen auf traditionelle Weise abzulesen. Aber die spezifisch amerikanische Disposition, Klassenzugehörigkeit in die persönlichere Kategorie des Status zu übersetzen, ist immer noch vorhanden. Und in der Bäckerei entdeckte ich ein schreckliches Paradox. In diesem flexiblen High-Tech-Betrieb, wo alles benutzerfreundlich ist, fühlten sich die Arbeitskräfte durch ihre Arbeit persönlich erniedrigt. Und in diesem Bäckerparadies verstehen sie ihre Reaktion auf die Arbeit selbst nicht. Dem Arbeitsablauf nach ist alles so einfach, emotional ist alles so unlesbar.

Das computergesteuerte Backen hat die ballettähnliche körperliche Tätigkeit am Arbeitsplatz tiefgreifend verändert. Inzwischen kommen die Bäcker nicht mehr mit den Zutaten der Brotlaibe in Berührung, da sie den gesamten Vorgang mit Hilfe von Bildschirmsymbolen überwachen, die zum Beispiel aus den Daten über Temperatur und Backzeit der Öfen ermitteln, ob das Brot durchgebacken ist; nur wenige Bäcker sehen tatsächlich noch das Brot, das sie herstellen. Ihre Monitorbilder sind nach dem üblichen Windows-Prinzip aufgebaut, auf einem davon erscheinen Symbole für viel mehr Brotsorten, als man hier früher je hergestellt hat – russisches und italienisches Brot und französisches Bâtard sind durch Mausklick möglich. Brot ist ein Bildschirmsymbol geworden.

Als Resultat dieser Arbeitsweise wissen die Bäcker allerdings nicht mehr, wie Brot eigentlich gebacken wird. Automatisiertes Brot ist kein Wunder an technischer Vollkommenheit; die Maschinen geben regelmäßig falsche Informationen über die Laibe im Ofen, beispielsweise messen sie nicht genau die Stärke der aufgehenden Hefe oder den wirklichen Zustand des Brotes. Die Arbeiter können diese Fehler teilweise am Bildschirm ausgleichen, sie können die Maschinen jedoch nicht einstellen, oder, wichtiger noch, Brot von Hand backen, wenn die Maschinen – wie so oft – ausfallen. Als programmabhängige Arbeitskräfte besitzen sie kein praktisches Wissen.

Also ist ihnen ihre Tätigkeit nicht mehr in dem Sinne verständlich, daß sie wüßten, was sie eigentlich tun. Die flexiblen

Arbeitszeiten in der Bäckerei verstärken noch die Probleme dieser Arbeitsweise. Häufig gehen die Leute nach Hause, wenn gerade eine mißglückte Ladung aus dem Ofen kommt. Ich will damit nicht sagen, die Arbeiter seien verantwortungslos, vielmehr ist ihre Zeit von anderem in Anspruch genommen, von Kindern, um die sie sich kümmern, oder anderen Jobs, bei denen sie pünktlich erscheinen müssen. Wenn man mit computerisierten Schüben zu tun hat, die mißglücken, ist es jetzt einfacher, die verdorbenen Brote wegzuwerfen, den Computer neu zu programmieren und von vorn anzufangen. Früher sah ich in der Bäckerei wenig Abfall, nun sind die riesigen Plastikmülltonnen jeden Tag voller geschwärzter Laibe. Die Mülltonnen erscheinen als passendes Symbol für das, was aus der Kunst des Backens geworden ist. Man muß diesen Verlust des menschlichen Handwerks jedoch nicht unbedingt romantisieren; als leidenschaftlicher Amateurkoch fand ich die Qualität des Brotes, das den Herstellungsprozeß überstand, hervorragend, eine anscheinend von vielen Bostonern geteilte Meinung, denn die Bäckerei ist beliebt und profitabel.

Nach der alten marxistischen Klassentheorie müßten die Arbeiter wegen des Verlusts ihrer Fähigkeiten entfremdet und zornig über die abstumpfenden Arbeitsbedingungen sein. Die einzige Person in der Bäckerei, auf die diese Beschreibung paßt, war jedoch der schwarze Vorarbeiter, der auf der niedrigsten Stufe des Managements stand.

Rodney Everts, wie ich ihn nennen werde, ist Jamaikaner, kam mit zehn Jahren nach Boston und arbeitete sich auf die traditionelle Art vom Lehrling über den Bäckermeister zum Vorarbeiter hoch. Dieser Weg steht für zwanzig Jahre Kampf. Er wurde dem alten Management als Teil eines Gerichtsurteils zur Chancengleichheit aufgezwungen, ertrug die tägliche Kälte der alten Griechen, schaffte aber durch seine Entschlossenheit und Fähigkeit den Aufstieg. Die Zeichen des Kampfes sind an seinem Körper abzulesen, er hat starkes Übergewicht, er ist ein sogenannter »Angstesser«. Unser Gespräch drehte sich zuerst um Hefekulturen und Diäten. Rodney Everts begrüßte den Wechsel des Managements als Befreiung, da das neue überregionale Unternehmen weniger rassistisch eingestellt war, und die technischen Veränderungen in der Bäckerei als Senkung seines Infarktrisikos. Am meisten begrüßte er, daß die Griechen in Pension gingen und eine neue, polyglotte Mannschaft eingestellt wurde. Tatsächlich ist er selbst für die Einstellung der meisten Arbeitskräfte verantwortlich. Er ist aber auch wütend über die blinde Gleichgültigkeit, mit der sie arbeiten. Dennoch versteht er, daß der niedrige Grad an Solidarität und die geringen fachlichen Fähigkeiten nicht den Arbeitskräften anzulasten sind. Die meisten von ihm ausgesuchten Leute bleiben höchstens zwei Jahre in der Bäckerei, besonders häufig wechseln die jungen Arbeiter, die nicht in der Gewerkschaft sind. Everts wirft der neuen Geschäftsleitung vor, diese nichtorganisierten Kräfte vorzuziehen. Er ist überzeugt, daß besser bezahlte, gewerkschaftlich organisierte Angestellte auch länger bleiben würden. Und schließlich ist er nicht damit einverstanden, daß die neue Leitung flexible Arbeitszeit als Lockmittel für schlechtbezahlte Jobs benutzt. Er hätte alle seine Leute gern gleichzeitig im Betrieb, um Probleme gemeinsam zu lösen. Die überquellenden Mülltonnen bringen ihn zur Weißglut.

Meine Sympathie für Rodney Everts wuchs, als er mir erzählte, er glaube, daß sich viele dieser Probleme lösen ließen, wenn die Bäckerei im Besitz der Arbeiter wäre. Er nimmt ihre

Unkenntnis des Backens keineswegs passiv hin; mehrmals hat er freiwillige Seminare über die Kunst des Backens abgehalten, an denen aber nur die beiden Vietnamesen teilnahmen, die sein Englisch kaum verstehen. Am meisten verblüffte mich jedoch seine Fähigkeit, zurückzutreten und die Dinge zu sehen, wie sie sind. »Sehen Sie, als ich Lehrling war, war in mir der blinde Zorn des schwarzen Mannes« – als eifriger Leser der Bibel sind einige ihrer Sprachrhythmen in seine Sprache eingegangen –, »jetzt *begreife* ich diesen Laden hier.« Diese Klarheit ist das, was der humanistische Marx mit Entfremdung meinte, das unglückliche, abgesonderte Bewußtsein, das jedoch die Wirklichkeit und die eigene Position enthüllt.

Doch der Vorarbeiter steht allein. Die Leute unter ihm sehen sich selbst nicht so klar. Statt von Entfremdung war ihr Alltag in der Bäckerei von schierer Verwirrung geprägt. Um eingestellt zu werden, müssen die Arbeitskräfte jetzt zum Beispiel nachweisen, daß sie mit dem Computer umgehen können. Bei der Arbeit, wo sie bloß ein von anderen eingerichtetes Windows-Programm bedienen, können sie von diesem Wissen jedoch nicht viel anwenden. »Backen, Schuhe machen, Drucken, kann ich alles«, sagte eine der Frauen lachend, als wir die Mülltonnen anstarrten. Die Bäcker wissen nur allzu gut, daß sie simple, geistlose Tätigkeiten verrichten, bei denen sie weniger tun, als sie eigentlich können. Einer der Italiener sagte zu mir: »Zu Hause back ich richtig Brot, hier drück ich nur Knöpfe.« Als ich ihn fragte, warum er nicht zu Everts Backseminar gegangen sei, erwiderte er: »Ist nicht so wichtig, ich werd das nicht mein Leben lang machen.« Immer wieder sagten die Leute mit anderen Worten dasselbe: eigentlich bin ich gar kein Bäcker. Die berufliche Identität dieser Menschen ist schwach.

Und diese flexible, polyglotte Belegschaft hatte auch wenig mehr Klarheit darüber, wo sie gesellschaftlich stand. Rassische und ethnische Maßstäbe sind für sie weniger anwendbar als für die Griechen, die zuvor hier arbeiteten. Sie akzeptieren den Schwarzen Rodney Everts als legitimen Boss, dessen Autorität auf echten Fähigkeiten beruht. Die Frauen in der Bäckerei benutzten das Wort »feministisch« mit widerwilligem Unterton. Als ich dieselbe Frage wie vor fünfundzwanzig Jahren stellte – zu welcher Klasse gehören Sie? –, bekam ich dieselbe Antwort – zur Mittelschicht. Doch inzwischen waren die alten Subtexte verschwunden. (Bei dieser Verallgemeinerung muß ich die Vietnamesen ausnehmen; ihre Gemeindebindungen ähnelten denen der Griechen, die früher hier gearbeitet hatten.)

All das wäre zu begrüßen, wenn auch die spezifisch amerikanische Neigung zur Übertragung materieller Umstände in persönlichen Status verschwunden wäre. Das ist jedoch nicht der Fall. Die Arbeitserfahrung scheint noch immer etwas sehr Persönliches zu sein. Die Arbeiter haben den starken Drang, ihre Tätigkeit als persönliche Angelegenheit zu betrachten, die ihr Bild als Individuen und damit ihren Rang in der Gesellschaft prägt.

Vor fünfundzwanzig Jahren fragte ich die griechischen Bäcker: Als was möchten Sie respektiert werden? Die Antwort war ebenso einfach: Als guter Familienvater, danach als guter Arbeiter. Als ich den zwanzig oder mehr Leuten in der Bäckerei die Frage diesmal stellte, wurde die familienbezogene Seite der Antwort durch Geschlecht und Alter komplizierter, aber ein guter Arbeiter zu sein, war immer noch wichtig. Inzwischen schienen die Eigenschaften eines guten Arbeiters jedoch schwerer zu entziffern zu sein.

Die Technologie in der Bäckerei ist für diese schwache berufliche Identität relevant, aber nicht ganz so, wie man erwarten könnte. Statt abweisend zu wirken, sind die Maschinen in diesem Betrieb allesamt auf »Benutzerfreundlichkeit« angelegt; sie haben klare visuelle Symbole und gut organisierte Fenster, die den Bildschirmen von Heimcomputern ähneln. Ein Vietnamese, der kaum Englisch spricht und den Unterschied zwischen einem Bâtard und einem Bagel nicht wirklich versteht, kann diese Maschinen bedienen. Die Klarheit in der Bedienung der Mixer, Rührmaschinen und Öfen hat wirtschaftliche Motive; sie erlaubt es dem Unternehmen, Arbeitskräfte zu niedrigeren Löhnen als früher einzustellen, als die Arbeiter, nicht die Maschinen, das Handwerk beherrschten.

Wie mir klar wurde, ist es die Benutzerfreundlichkeit der Bäckerei selbst, welche zum Teil die Verwirrung der Menschen verursacht, die backen, sich aber nicht als Bäcker fühlen. Bei jeder Arbeit, von der Bildhauerei bis zum Kellnern, identifizieren sich die Menschen mit Aufgaben, die sie herausfordern, mit schwierigen Aufgaben. In diesem flexiblen Betrieb mit seinen polyglotten Arbeitern, die unregelmäßig kommen und gehen, und wo an jedem Tag radikal unterschiedliche Anweisungen eintreffen können, ist die Maschinerie der einzige echte Ordnungsrahmen und muß daher einfach und sofort verständlich sein. Schwierigkeit ist in einer flexiblen Ordnung kontraproduktiv. Durch ein schreckliches Paradox schaffen wir damit genau die Bedingungen für eine unkritische und fragmentierte Tätigkeit bei den Benutzern.

Insofern hatte ich Glück, gerade in der Bäckerei zu sein, als eine der Teigrührmaschinen den Geist aufgab. Trotz ihrer einfachen Bedienung hatte sie einen komplexen Aufbau, ihre

Computersteuerung war eher opak als durchsichtig, wie Konstrukteure sagen. »Benutzerfreundlichkeit« war eine etwas einseitige Freundlichkeit. An diesem Tag wurde in der Bäckerei der Strom abgestellt, jemand rief an, und wir saßen zwei Stunden herum und warteten auf den Retter vom Kundendienst des Herstellers.

Als der Strom abgestellt war, bekamen die wartenden Arbeitskräfte schlechte Laune und waren aus der Fassung gebracht. So etwas war schon mal passiert, aber niemand im Betrieb durchschaute die Steuerungs-Software hinreichend, um das Problem zu verstehen, geschweige denn zu lösen. Im Gegensatz zur Unternehmermythologie waren die Bäcker keine Drohnen, denen die Qualität ihrer Produkte egal war. Sie wollten etwas tun, die Dinge in Ordnung bringen, und sie konnten es nicht. In einer Studie über das Personal bei McDonald's fand Katherine Newman heraus, daß scheinbar ungelernte Arbeitskräfte plötzlich geistig aufwachen und alle Arten von improvisierten Fähigkeiten entwickeln, um den Betrieb weiterlaufen zu lassen, wenn sie mit einer mechanischen Krise wie dieser konfrontiert sind.[1] Auch die Bäcker wollten etwas tun, waren aber der Technologie nicht gewachsen.

Natürlich wäre es absurd, den Maschinen die Schuld zu geben. Sie wurden entworfen und gebaut, um auf eine bestimmte Weise zu funktionieren; die Firma nahm Fehler und Ausschuß als normalen Teil des Geschäfts hin. Auf den höheren Ebenen der technischen Arbeit hat der Computer den Inhalt vieler Berufe bereichert. Die weit positivere Seite der Technologie erscheint beispielsweise in der Studie von Stanley Aronowitz und William DiFazio über den Einfluß von AutoCAD (Computer Assisted Design) auf eine Gruppe von

Ingenieuren und Architekten, die für die New Yorker Stadtverwaltung arbeiten. Menschen, die das Zeichnen von Hand gewohnt waren, waren begeistert von den Möglichkeiten, Bilder auf dem Monitor flexibel zu verändern. Ein Architekt sagte: »Zuerst habe ich gedacht, das wären bloß Zeichenmaschinen … aber ich bin wirklich begeistert davon, ich kann jede Zeichnung verändern und auseinandernehmen. Ich kann sie strecken, versetzen, einen Teil herausnehmen.«[2] Dieser Einsatz der Maschine hat ihre Benutzer ganz sicher zum Denken angeregt.

Es wäre allerdings ebenso falsch zu sagen, die Maschinen hätten nichts mit dem negativeren und verwirrteren Selbstverständnis der Mitarbeiter zu tun. Sie haben damit zu tun, und zwar, weil dieses neue Werkzeug des zeitgenössischen Kapitalismus eine weit intelligentere Maschine ist als die mechanischen Erfindungen der Vergangenheit. Seine eigene Intelligenz kann die seiner Benutzer ersetzen und führt so Smiths Alptraum von der geistlosen Arbeit zu neuen Extremen. Als CAD zuerst beim Architekturstudium des Massachusetts Institute of Technology eingeführt wurde, erhob ein Architekt den Einwand:

> Beim Zeichnen eines Ortes und beim Einzeichnen der Linien und Bäume setzt er sich im Geist fest. Man lernt den Ort auf eine Weise kennen, die beim Computer nicht möglich ist … Man lernt das Terrain kennen, indem man es wiederholt zeichnet, nicht indem man es durch den Computer »neu generieren« läßt.[3]

Ganz ähnlich ist die Aussage des Physikers Victor Weiskopf zu verstehen, der Studenten, die ausschließlich computerisierte Experimente durchgeführt hatten, vorhielt: »Wenn ihr mir dieses Resultat zeigt, versteht der Computer die Antwort, aber ich glaube nicht, daß ihr sie versteht.«[4]

Wie jeder Denkakt ist mechanische Intelligenz stumpfsinnig, wenn sie nur funktional und nicht selbstkritisch arbeitet. Die Technologieforscherin Sherry Turkle erwähnt zu diesem Thema, daß sie einmal ein hochintelligentes junges Mädchen über die beste Art, *SimCity* zu spielen, befragte, ein Computer-Stadtplanungsspiel für Kinder. Eine der Regeln des Spieles lautet: »Steuererhöhungen führen immer zu Aufständen.«[5] Das Kind stellte nicht die Frage, warum Steuererhöhungen zu Aufständen führen, es wußte nur, daß es so ist, und das macht dieses Spiel einfach zu spielen. Beim Auto-CAD braucht die Maschine nur einen kleinen Teil eines Gegenstands zu kennen, um diesen fast sofort vollständig darzustellen; wer wissen möchte, wie etwas vergrößert, verkleinert, auf dem Kopf oder von hinten aussieht, erfährt es durch ein paar Tastenanschläge. Er erfährt jedoch nicht, ob das Bild etwas taugt.

Die bei den Bäckern in Boston herrschende Ambivalenz und Verwirrung sind eine Reaktion auf diese besonderen Fähigkeiten des Computers in der flexiblen Arbeitswelt. Für keinen dieser Männer und Frauen wäre es etwas Neues, daß Widerstand und Schwierigkeit wichtige Quellen der geistigen Stimulation darstellen und daß wir etwas erst dann gut verstehen, wenn wir uns dieses Verständnis erarbeitet haben. Aber diese Wahrheiten haben hier keinen Platz mehr. Schwierigkeit und Flexibilität sind im Produktionsprozeß der Bäckerei Gegensätze. In Augenblicken der Schwierigkeit sahen sich die Bäcker plötzlich von ihrer Arbeit ausgeschlossen – und dies fiel auf ihr Selbstbewußtsein als Arbeiter zurück. Wenn die Frau in der Bäckerei sagt: »Backen, Schuhe machen, Drucken, kann ich alles ...«, ist ihre Haltung gegenüber der Maschine entspannt und freundlich. Zugleich wiederholte sie jedoch mehrmals, kein Bäcker zu sein. Diese beiden Aussagen sind eng verknüpft. Ihr Verständnis der Arbeit ist oberflächlich; ihre berufliche Identität driftet.

Es ist ein Gemeinplatz, daß moderne Identitäten fließender sind als die kategorischen Einteilungen der Menschen in den Klassengesellschaften der Vergangenheit. Um Aussagekraft zu haben, muß dieser Gemeinplatz ausgefüllt werden. »Fließend« kann diffus heißen, aber auch glatt, nachgiebig, elastisch. Fließende Abläufe deuten darauf hin, daß es keine Schwierigkeiten, keine Hindernisse gibt. Einfachheit und Flüssigkeit vereinen sich. Das ist in dieser Art Arbeit, die ich beschrieben habe, geschehen. Die Folge sind eine oberflächliche Identifikation mit der Arbeit und Unverständnis gegenüber dem, was man da eigentlich macht. Die Arbeit ist klar und zugleich unverständlich.

Es läßt sich fragen, ob dies nicht dasselbe Dilemma ist, das Adam Smith beunruhigte. Ich glaube nicht. Dem Arbeiter in der Nagelfabrik war nichts verborgen, den Arbeitern in der Bäckerei bleibt eine ganze Menge verborgen. Flexibilität schafft Unterschiede zwischen Oberfläche und Tiefe; die weniger mächtigen Untertanen der Flexibilität sind verurteilt, an der Oberfläche zu bleiben. Die alten griechischen Bäcker mußten hart arbeiten, bei körperlicher Gefährdung – niemand kann wünschen, daß diese Arbeitsformen wiederkehren. Die Arbeit war für sie nichts Oberflächliches, weil sie stark an ihre ethnischen Bindungen geknüpft war – aber im modernen Boston sind diese Bindungen vielleicht auch für immer verschwunden.

Worauf es jetzt ankommt, ist die Frage, was an ihre Stelle getreten ist. Das ist die Verbindung des Flexiblen, des Fließenden mit dem Oberflächlichen. Wir kennen alle nur zu gut die Hochglanzoberflächen und einfachen Botschaften, die für globale Produkte werben. Aber dieselbe Trennung zwischen Oberfläche und Tiefe bezeichnet den flexiblen Produktionsprozeß, dessen gebraucherfreundliche Anweisungen eine nicht durchschaubare tiefere Logik bergen.

Dieselbe Trennung macht es den Menschen schwer, die Welt um sich herum und auch sich selbst zu »lesen«. Bilder einer klassenlosen Gesellschaft, eine gemeinsame Art zu reden, sich zu kleiden, zu sehen, können auch dazu dienen, tiefere Unterschiede zu verhüllen. Es gibt eine Oberfläche, die alle auf einer Ebene zeigt, aber diese Oberfläche zu durchbrechen mag einen Code erfordern, der den Menschen nicht zur Verfügung steht. Und wenn das, was die Menschen über sich selbst wissen, einfach und unmittelbar ist, so mag das zu wenig sein.

In der flexiblen Ordnung kristallisieren sich die Schwierigkeiten, die Gesellschaft und sich selbst zu »lesen« in einem besonderen Akt: dem Akt des Risiko-auf-sich-Nehmens.

Kapitel 5

Risiko

Bis sie schloß, war die Trout Bar eines meiner Lieblingslokale im unteren Manhattan. Sie befand sich in einem alten Fabrikgebäude in Soho, und sie hätte ein Anziehungspunkt für schwule Touristen werden können, die vom nahen Sheridan Place herüberkamen, oder für Jugendliche aus den Vorstädten, die sich am Washington Square auf der Suche nach Drogen und Aufregung herumtrieben. Aber die Trout Bar war nicht besonders einladend; man stieg ein paar Stufen ins Souterrain hinab, und die Fenster boten einen demokratischen Ausblick auf unidentifizierbare Schuhe und Knöchel.

Die Trout Bar war das Reich von Rose. Sie hatte gleich nach dem Abschluß der Highschool einen Filzfabrikanten mittleren Alters geheiratet. Da die Männer zu der Zeit noch Hüte trugen, war das keine schlechte Partie. Wie vor dreißig Jahren üblich, bekam sie rasch zwei Kinder. Fast ebenso rasch starb der Filzfabrikant, und vom Erlös seiner Firma kaufte sie die Trout Bar. Anscheinend hat in New York nur eine Bar Erfolg, die entweder »heiß«, also sehr populär, oder lauwarm ist; der erste Weg bedeutet, sich an die fluktuierende Gruppe von Models, gelangweilten wohlhabenden Nichtstuern und Medienleuten zu hängen, die in unserer Stadt den »Stil« bestimmen, der andere, eine seßhafte örtliche Klientel anzusprechen. Rose entschied sich für die zweite Route, und der Laden füllte sich.

Das Essen in der Trout Bar war nur etwas für Wagemutige. Den Köchen Ernesto und Manolo fehlte jedes Verständnis für die Funktion der Hitze beim Kochen, so daß ein »Cheeseburger halb durch« gewöhnlich ein trockenes, ledriges Etwas war, dem man nur mit einem scharfen Messer beikam. Ernesto und Manolo waren jedoch Roses »Jungs«; sie machte Witze mit ihnen, schrie sie an, und sie gaben grobe Kommentare auf spanisch dazu ab. Im Lokal selbst war die Atmosphäre anders, die Leute kamen, um in Ruhe gelassen zu werden. Wahrscheinlich haben alle großen Städte Oasen wie diese. Ich sah eine Generation lang dieselben Stammgäste und führte endlose Unterhaltungen mit ihnen, ohne je Freundschaften zu schließen.

Obwohl sie im Grunde eine solide, realistische New Yorkerin war, wirkte Rose wie einer der »farbigen Charaktere«, den die New Yorker Boheme bevorzugt; ihre Augen wurden von riesigen viereckigen Brillengläsern vergrößert, ihre Stimme war eine nasale Trompete, mit der sie regelmäßig bissige Kommentare abgab. Ihr eigentlicher Charakter lag hinter dieser Fassade. Hätte ich ihr gesagt, sie sei in Wirklichkeit »sensibel« und intelligent, hätte sie losgeprustet. Ihr Problem bestand jedoch darin, daß sie das Gefühl hatte, nichts aus sich zu machen, solange ihr Leben darin bestand, unbeschäftigten Schauspielern, müden Schriftstellern und vierschrötigen Geschäftsleuten der Gegend Kaffee und Drinks auszuschenken. Sie hatte die obligatorische Midlife-crisis.

Vor ein paar Jahren beschloß sie, das gemütliche, einträgliche Reich zu verlassen, das sie sich in der Trout Bar geschaffen hatte. Es war ein logischer Moment für eine Veränderung;

eine ihrer Töchter hatte geheiratet, die andere war mit dem College fertig. Verschiedentlich war Rose von den Leuten einer auf Getränke spezialisierten Werbeagentur um Informationen gebeten worden. Die Agentur entwarf die üblichen Anzeigen in den modischen Hochglanzillustrierten. Bei einem dieser Gespräche stellte sich heraus, daß die Agentur einen Zweijahresvertrag für jemanden anbot, der an einer neuen Kampagne mitarbeiten wollte. Der Marktanteil harter Drinks wie Scotch und Bourbon war gefallen. Rose ergriff die Gelegenheit, bewarb sich und wurde genommen.

New York ist die Welthauptstadt der Werbebranche, und Leute aus dem Imagegeschäft werden von anderen New Yorkern leicht erkannt. Medienleute kultivieren weniger das Aussehen des gesetzten leitenden Angestellten als das des wohlhabenden Künstlers: schwarze Seidenhemden, schwarze Anzüge – jede Menge teures Schwarz. Männer wie Frauen in dieser Branche gedeihen in einem Netzwerk von Verabredungen zum Lunch oder zu einem Drink, Vernissagen und Streifzügen durchs Nachtleben. Ein Publicitymann erzählte mir mal, es gebe nur etwa fünfhundert Leute im New Yorker Mediengewerbe, die wirklich zählten – das seien die, die ständig unterwegs und sehr sichtbar seien; die Tausenden von anderen, die in den Büros schuften, bewohnen eine Art Sibirien. Das Elitenetzwerk funktioniert über den sogenannten »Buzz«, das Summen des Gerüchtestroms, der Tag und Nacht die Stadt durchfließt.

Es schien mir nicht gerade die Umgebung, in der Rose ihre Schwingen entfalten könnte. Andererseits kann man an einen Punkt kommen, wo es scheint, daß man etwas Neues tun muß. Das Leben wird sonst wie ein abgetragener Anzug immer schäbiger. Rose ergriff ihre Gelegenheit mit der Klugheit der Kleinunternehmerin; für den Fall, daß es nicht so gut laufen sollte, verpachtete sie die Trout Bar, statt sie zu verkaufen.

Nach Ansicht aller Stammgäste ließ die Bar langsam, aber sicher nach, als Rose weg war. Die neue Wirtin war von erbarmungsloser Freundlichkeit. Sie stellte die Fenster voller Grünpflanzen, statt der von den Gästen lange bevorzugten fettigen Erdnüsse gab es nun Salsa oder andere gesunde Snacks. Sie besaß die Mischung aus menschlicher Gleichgültigkeit und körperlicher Gesundheit, die ich mit der kalifornischen Kultur verbinde.

Nach nur einem Jahr war Rose wieder da. Fast von einem Tag auf den anderen sah man statt Grünpflanzen wieder die Füße der Passanten, auch die Erdnüsse kehrten zurück. Eine Woche hielt die Frau aus Kalifornien noch durch, dann verschwand auch sie. Wir waren natürlich sehr erleichtert, aber auch erstaunt. Zunächst sagte Rose nur: »In einer großen Firma kannst du kein richtiges Geld verdienen«, eine Aussage, die den arbeitslosen Schauspielern anscheinend einleuchtete. Mir gegenüber war Rose untypisch ausweichend. In den ersten paar Wochen ließ sie ab und zu einen bitteren Kommentar über »aalglatte Yuppies« fallen. Schließlich sagte sie ganz unvermittelt: »Ich hab einfach die Nerven verloren.«

Der einfachste Grund, warum Rose so früh zurückkam, war wohl ein Kulturschock. In hartem Kontrast zu der täglichen Aufstellung von Erfolg und Mißerfolg, Gewinn und Verlust in ihrem kleinen Betrieb, arbeitete die Werbefirma auf mysteriöse Weise – obwohl die Rätsel in diesem Gewerbe eher mit persönlichem Erfolg und Mißerfolg als der Bedienung von Maschinen zu tun hatten. Einmal erwähnte sie mir gegenüber, die Menschen, die im Imagegeschäft nach oben kämen, hätten »etwas Seltsames« an sich. Die erfolgreichen

Leute in der Werbung sind nicht unbedingt die ehrgeizigsten – ohnedies sind alle sehr motiviert. Die wirklich Erfolgreichen scheinen die zu sein, die sich am geschicktesten von Fehlschlägen distanzieren und anderen die Verantwortung zuschieben. Erfolg besteht vor allem darin, der Bilanz des Buchhalters auszuweichen. »Der Trick ist, an einem darf nichts hängenbleiben«, sagte Rose. Natürlich gibt es in jedem Unternehmen irgendwann eine Gewinn- und Verlustrechnung. Was Rose verblüffte, war die Tatsache, daß selbst nach einer solchen Bilanz die Fehlschläge eines Mitarbeiters für die Firmenleitung weniger zu zählen schienen als Kontakte und Kommunikationsfähigkeit.

Diese Entwertung der Leistung bezog sich auch auf sie. Obwohl sie formal einen Zweijahresvertrag hatte, »haben sie offen gesagt, daß sie mich jederzeit auszahlen und entlassen könnten«. Da sie ihre Bar nur verpachtet hatte, war dies keine tödliche Drohung. Was ihr unter die Haut ging, war etwas Subtileres: sie fühlte sich ständig auf dem Prüfstand, wußte aber nie genau, wo sie stand. Es gab keine objektiven Maßstäbe für eine erfolgreiche Tätigkeit. Und dies war besonders verstörend, weil Rose ein persönliches Experiment machte. Sie war nicht in diese Welt eingetreten, um das große Geld zu machen, sondern um eine interessantere Aufgabe zu finden. Aber nach einem Jahr, so sagte sie, »hatte ich nicht das Gefühl, weitergekommen zu sein; ich blickte einfach nicht durch«.

In schwer faßbaren Situationen wie dieser neigen die Menschen dazu, sich auf die kleinen Dinge des Alltags zu konzentrieren und in Details irgendeine Bedeutung zu suchen – ähnlich wie antike Priester die Eingeweide der Opfertiere studierten. Wie der Chef »Hallo« sagt, wer nach der Vorstellung der neuen Wodkawerbung nur zum Drink und wer auch zu dem Dinner danach eingeladen wird – dies sind Anzeichen dessen, was sich im Büro tatsächlich tut. Mit Ängsten dieser trivialen, alltäglichen Art konnte Rose fertig werden; sie ist nicht so leicht zu erschüttern. Aber das Gefühl, keinen Anker in der glitzernden See des Imagegeschäfts zu besitzen, nagte an ihr.

Außerdem mußte sie sich in der Werbeagentur einer bitteren Erkenntnis stellen. Menschen mittleren Alters wurden dort wie Alteisen behandelt, Roses Erfahrung galt wenig. Alles im Büro war auf den unmittelbaren Augenblick fixiert, auf das, was hinter der nächsten Kurve liegt; wenn jemand im Imagegeschäft einen Satz mit »Nach meiner Erfahrung ...« beginnt, wandern die Augen der anderen zur Decke.

Ein Mensch mittleren Alters wie Rose braucht Mut, um etwas Neues zu riskieren, aber die Ungewißheit über ihre Position und dazu die Negierung ihrer Lebenserfahrung raubten ihr die Kraft. »Veränderung«, »Gelegenheit«, »neu«: all das klang hohl für sie, als sie sich entschloß, in die Trout Bar zurückzukehren. Obwohl ihre Risikobereitschaft ungewöhnlich war und das Mediengeschäft fluktuierender und oberflächlicher ist als andere, illustriert ihr Scheitern eine allgemeinere Schwierigkeit, wenn es darum geht, sich in der heutigen Welt zu orientieren.

Unter verschiedenen Umständen kann das Eingehen von Risiken eine höchst bedeutungsvolle persönliche Erfahrung sein. In den Romanen des 19. Jahrhunderts entwickeln zum Beispiel Stendhals Julien Sorel oder Balzacs Vautrin sich als Charaktere weiter, indem sie alles auf eine Karte setzen, und ihre bedingungslose Risikobereitschaft macht sie fast zu heroischen Figuren. Wenn der Ökonom Joseph Schumpeter die vom Unternehmer praktizierte »kreative Zerstörung« preist, schreibt er im Geiste dieser Romanciers des 19. Jahrhunderts: außergewöhnliche Menschen entwickeln sich weiter, indem sie ständig am Rande des Abgrunds leben. Die Charakterzüge, die ich an den Erfolgreichen in Davos kennengelernt habe, die Fähigkeit, die Vergangenheit abzuschreiben und die Unordnung als fruchtbar zu sehen, sind Arten, am Rande des Abgrunds zu leben.

Die Risikobereitschaft wird heute aber nicht mehr nur Venturekapitalisten oder außerordentlich abenteuerlichen Individuen zugemutet. Das Risiko wird zu einer täglichen Notwendigkeit, welche die Masse der Menschen auf sich nehmen muß. Der Soziologe Ulrich Beck vertritt die These, »in der fortgeschrittenen Moderne [gehe] die gesellschaftliche Produktion von *Reichtum* systematisch einher mit der gesellschaftlichen Produktion von *Risiken*«.[1] In vertrauterer Sprache beschwören die Autoren von *Upsizing the Individual in the Downsized Corporation* das Bild der Arbeit als ständiges Umtopfen, wie bei einer wachsenden Pflanze, wobei der Arbeitnehmer der Gärtner ist. Die Instabilität flexibler Organisationen selbst zwingt die Arbeitskräfte zum »Umtopfen« ihrer Arbeit, das heißt zum Eingehen immer neuer Risiken. Dieses Management-Handbuch ist typisch für viele andere, die aus der Notwendigkeit eine Tugend machen. Die Theorie, die dahinter steht, besagt, daß der Mensch durch Risiken seine Energien erneuert, sich selbst sozusagen ständig auflädt.[2] Die Metapher des »Umtopfens« ist beruhigend, sie domestiziert den Heroismus des Risikos. Im Gegensatz zum lebenserschütternden Drama der Wagnisse Julien Sorels wird das Risiko normal und gewöhnlich.

Das Wort »Risiko« selbst stammt von dem italienischen Wort für »wagen«, *risicare*. Die Wurzel suggeriert tatsächlich eine Haltung von Bravado und Selbstsicherheit, aber das ist nicht die ganze Geschichte. Bis vor nicht allzu langer Zeit schienen Spiele, die auf Zufall und Risiko beruhten, die Götter zu versuchen. Der moderne Ausdruck »sein Schicksal herausfordern« kommt aus der griechischen Tragödie, wo Ate, die Macht des Geschicks, Männer und Frauen für die Hybris zu großer Kühnheit und Selbstsicherheit strafte. Die Römer glaubten, die Glücksgöttin Fortuna bestimme, wie die Würfel fielen. In diesem von Göttern oder von Gott regierten Universum war Raum für das Wagnis, aber den Zufall gab es nicht.

Fibonaccis berühmtes Buch über das Risiko, *Liber Abaci*, ist in zweierlei Hinsicht ein Meilenstein. Es behauptet den zufälligen Charakter aller Ereignisse, betont aber zugleich die menschliche Fähigkeit, Risiken zu berechnen. Fibonaccis Buch erschien 1202, und er vermittelte darin die arabische Schreibung der Zahlen als 1, 2 oder 804 738, was Berechnungen einer Art erlaubte, die mit den alten römischen Symbolen I, II oder MCIV nicht leicht gewesen wären. Im berühmtesten Teil des Buches versuchte Fibonacci zu errechnen, wie viele junge Kaninchen in einem Jahr von einem einzigen Elternpaar abstammen können. Aus solchen Reihenkalkulationen entwickelte sich die gesamte mathematische Wissenschaft der Vorhersage. Italienische Mathematiker der Renaissance wie Paccioli und Cardano führten die neue Wissenschaft des Risikokalküls weiter, ebenso Pascal und Fermat in Frankreich. Viele der Kalkulationsstrategien in modernen Computern sind vom Werk Jacob Bernoullis und seines Neffen Daniel Bernoulli am Beginn des 18. Jahrhunderts abgeleitet.

Noch bis zur Mitte des 18. Jahrhunderts versuchte man, das Risiko einfach durch den Austausch von Erfahrung und Information zu verstehen und zu vermindern; so begann etwa die Versicherungsgesellschaft Lloyd's of London als Kaffeehaus, in dem Fremde schwatzten und Informationen über Schiffsrouten, das Wetter und andere Risikofaktoren austauschten. Einige der Gesprächspartner trafen später aufgrund dieses Austausches Investitionsentscheidungen.[3] Die von Fibonacci in Gang gebrachte Revolution ersetzte auf manchen Gebieten schließlich die Diskussion durch unpersönliche Statistiken – wie bei den Projektionen und Berechnungen, welche die Verlustabsicherungen, »Hedges« und Gegengeschäfte des modernen Finanzinstrumentariums ermöglichen.

Dennoch liegt die Furcht, das Schicksal herauszufordern, noch immer über der Risikoberechnung. »Wer kann vorgeben, so tief in das Wesen des menschlichen Geistes oder den wunderbaren Bau des Körpers eingedrungen zu sein, von denen Spiele abhängen, daß er vorherzusagen wagte, wann dieser oder jener Spieler gewänne oder verlöre?« fragte Jacob Bernoulli 1710.[4] Eine rein mathematische Berechnung kann die psychologischen Aspekte der Risikoanalyse nicht verdrängen; in seinem *Treatise on Probability* erklärte John Maynard Keynes: »Es ist recht unwahrscheinlich, daß wir ohne jede Hilfe durch Intuition oder direktes Urteil eine Methode zum Erkennen spezifischer Wahrscheinlichkeit entdecken.«[5] Worauf sich die Menschen aber emotional konzentrieren, meint der Psychologe Amos Tversky, ist nicht die Möglichkeit des Gewinns, sondern die des Verlustes.

Als Ergebnis zahlreicher Laborexperimente kam Tversky zu dem Schluß, Menschen machten sich im Alltagsleben über

Verluste mehr Gedanken als über Gewinne, ob sie nun Risiken in Beruf oder Ehe eingingen oder ob sie dies am Spieltisch täten: »Menschen reagieren viel sensibler auf negative als auf positive Reize ... Es gibt ein paar Dinge, die das eigene Wohlbefinden steigern würden, aber die Zahl der Dinge, die es senken können, ist unendlich.«[6] Tversky und sein Kollege Daniel Kahneman haben versucht, etwas zu entdecken, was man eine Mathematik der Furcht nennen könnte. Ihre Arbeit beruht auf dem Phänomen der Regression, der Tatsache, daß zum Beispiel ein glücklicher Würfelwurf den nächsten weder positiv noch negativ präjudiziert, sondern jeweils in die Neutralität zurückkehrt. Der nächste Wurf kann gut oder schlecht sein. Erst auf lange Sicht gleicht sich das aus. Der unmittelbare Moment ist ganz dem Zufall anheimgegeben.[7]

Diese Gründe machen das Eingehen von Risiken zu etwas ganz anderem als einem heiteren Abschätzen der Möglichkeiten, die die Gegenwart bietet. Die Risikomathematik kennt keine Absicherung, und deshalb ist es ganz vernünftig, daß sich die Psychologie des Risikos auf mögliche Verluste konzentriert.

Roses Lebensspiel ging folgendermaßen weiter. »Die ersten paar Wochen war ich high; kein Manolo mehr, nicht mal ein Richard mehr, mein Schatz. Ich war Angestellte einer Firma. Dann fing ich natürlich an, euch alle zu vermissen, zumindest ein bißchen, und natürlich fand ich blöd, was dieses blonde Sonnenhäschen aus meinem Laden machte.« Bei diesem Gedanken hielt sie inne. »Aber was mir wirklich an die Nieren ging ... es war eigentlich nichts Bestimmtes.« Ich sagte, daß jemand in unserem Alter sich natürlich in der Defensive fühle; die Firma klinge chaotisch und irrational. »Nein, nicht mal das. Ich war deprimiert, bloß weil ich was Neues tat.« Die

Forschungen von Tversky und Kahneman legen den Schluß nahe, daß wir beim Sprechen über Risiken oft die Formulierung »sich in Gefahr begeben« benutzen; »sich in Gefahr begeben« ist in sich eher deprimierend als vielversprechend. Sich ständig im Zustand der Verletzlichkeit zu befinden, ist aber das Modell, das die Autoren der Management-Handbücher – vielleicht unreflektiert – propagieren, wenn sie das tägliche Eingehen von Risiken im flexiblen Unternehmen glorifizieren. Natürlich hatte Rose keine klinischen Depressionen, sie scheint ihre Arbeit energisch angegangen zu sein. Sie spürte vielmehr eine Art ständiger unterschwelliger Besorgnis, die durch die Undurchschaubarkeit von Erfolg und Mißerfolg gerade in der Werbebranche verstärkt wurde.

Allem Risiko wohnt die Drift inne, denn Drift ist die verbale Übersetzung der Regression zu einem Mittelwert. Wie der Würfel in jedem einzelnen Wurf fällt, ist reiner Zufall. Anders ausgedrückt, dem Eingehen von Risiken fehlt mathematisch die Qualität einer Erzählung, bei der ein Ereignis zum nächsten führt und dieses bedingt. Natürlich kann man die Tatsache der Regression leugnen. Der Spieler tut es, wenn er sagt, er habe eine Glückssträhne; er redet so, als wären die verschiedenen Würfe irgendwie miteinander verbunden. Damit verleiht er dem Akt des Risiko-auf-sich-Nehmens das fiktive Wesen einer Erzählung.

Doch dies ist eine gefährliche Sache. Nach einer einleuchtenden Formulierung Peter Bernsteins »messen wir unwahrscheinlichen Ereignissen mit dramatischer Qualität übermäßige Bedeutung zu und übersehen Ereignisse, die auf ganz gewöhnliche Weise geschehen ... Dies führt dazu, daß wir die Regression zum Mittelwert vergessen, zu weit gehen und in Schwierigkeiten kommen.«[8] Dostojewskis *Der Spieler* hätte

Bernstein, Tversky und Kahneman als Beispiel dafür dienen können, daß das Verlangen nach einer dramatischen Erzählung des Risikos von dem Wissen um den fiktiven Charakter des Glücks enttäuscht wird. Im Roman wie im Leben verbindet sich die Sehnsucht, die Dinge möchten gut ausgehen, mit dem Wissen des Spielers, daß dies nicht notwendig so sein muß.

Ich fragte Rose, was ich in weniger konzentrierter Form auch Rico gefragt hatte: Welches ist die Geschichte, die du über dein Jahr in der Firma erzählen würdest? »Geschichte?« Wie haben sich die Dinge im Laufe des Jahres verändert? »Na ja, im Grunde haben sie das gar nicht, ich war immer wieder da, wo ich angefangen hatte, am Nullpunkt.« Aber das kann nicht stimmen; sie haben dich behalten, obwohl sie vier andere neue Leute raussetzten. »Ja, ich hab überlebt.« Also müssen sie mit deiner Arbeit zufrieden gewesen sein. »Schau mal, diese Leute haben ein sehr kurzes Gedächtnis. Du fängst immer wieder bei Null an, du mußt dich jeden Tag beweisen.« Ständig dem Risiko ausgesetzt zu sein, zerstört das Selbstverständnis. Es gibt keine Erzählung, welche die Regression auf den Mittelwert überwinden kann, man »fängt immer wieder bei Null an«.

Diese elementare Geschichte könnte in einer anderen Gesellschaft eine andere Färbung annehmen. Die soziologische Dimension von Roses Risiko liegt in der Tatsache, wie Institutionen die Anstrengungen eines Individuums prägen, sein oder ihr Leben zu verändern. Wir haben einige der Gründe dafür gesehen, warum moderne Institutionen selbst nicht starr und klar definiert sind; ihr undeutliches Wesen entsteht durch die Ablehnung jeder Routine, durch die Betonung kurzfristiger Aktivitäten, durch die Schaffung amorpher, hochkomplexer Netzwerke anstelle straff organisierter Bürokratien. Das bedeutet, daß das Eingehen von Risiken in einer Gesellschaft stattfindet, die sowohl die Zeit als auch den Raum zu deregulieren sucht.

Jeder Versuch, klare Kategorien zu dekonstruieren, sei es im Bereich der Arbeit, der Information oder des künstlerischen Stils, schafft unweigerlich Vieldeutigkeit. Die Frage der Bewegung in einem vieldeutigen System, wie beim Wechsel der Arbeitsstelle, hat jedoch besondere soziologische Aspekte.

Eine der zwingendsten Analysen der Bewegung innerhalb eines flexiblen Netzwerks stammt von dem Soziologen Ronald Burt. Der Titel seines Buches *Structural Holes* verweist auf den Tenor seiner Analyse: je mehr Lücken, Umwege oder Zwischenstationen es zwischen den Menschen in einem Netzwerk gibt, desto leichter ist es für den einzelnen, sich darin zu bewegen. Ungewißheit in einem Netzwerk steigert die Bewegungsmöglichkeit. Ein Individuum kann von anderen übersehene Gelegenheiten und schwache Kontrollen durch die zentrale Autorität ausnutzen.

Obwohl Burts formale Analyse struktureller Löcher auf den Erkenntnissen Mark Granovetters über die »Stärke« schwacher Bindungen aufbaut, wird sie von vielen Soziologen heftig debattiert. James Coleman führt dagegen ins Feld, daß Menschen einen Grundstock sozialen Kapitals besitzen – geteilte Erfahrungen aus der Vergangenheit ebenso wie individuelle Leistungen und Fähigkeiten, die ihnen helfen, sich durch das Netz zu bewegen; die Bewegungsfähigkeit, sagt er, hängt von den Talenten des Individuums genauso ab wie von den Gelegenheiten zur Veränderung. Andere Soziologen, die sich mit der Mobilität in Netzwerken beschäftigen, betonen die Bedeutung der Gemeinschaften, welche die verschiedenen Inseln des Netzwerks bilden; eine Person, die sich einer neuen Gemeinschaft präsentiert, muß nicht nur fähig sein, sondern auch erwünscht. Granovetter selbst kritisiert eine rein formale Analyse wie die von Burt, indem er auch auf die soziale »Einbettung« von wirtschaftlichem Austausch und Aktivität verweist.[9]

Trotz dieser Einwände besitzt Burts These, je flexibler die Operationen eines Netzwerks seien, desto mehr strukturelle Löcher entwickele es, eine Menge Plausibilität, und er zeigt überzeugend den Anreiz zum Eingehen von Risiken, den solche strukturellen Löcher bieten. Meiner Ansicht nach gewinnt indessen ein Individuum, das auf diesen Anreiz reagiert, noch lange nicht die Kontrolle über seine Lebensumstände. Die Diskontinuität eines Netzwerks führt im Bewußtsein des einzelnen zu Unsicherheit. Im flexiblen Kapitalismus erfahren Menschen, die sich verändern, drei Arten von Unsicherheit, nämlich durch »mehrdeutige Seitwärtsbewegungen«, »retrospektive Verluste« und unvorhersehbare Einkommensentwicklung.

Werden pyramidenförmige Hierarchien durch losere Netze ersetzt, so vollziehen Menschen beim Stellenwechsel häufiger das, was Soziologen »mehrdeutige Seitwärtsbewegungen« genannt haben. Dies sind Veränderungen der Stellung, bei denen eine Person sich seitwärts bewegt, während er oder sie in dem losen Netzwerk aufzusteigen glaubt. Diese krebsartige Bewegung findet nach Auffassung des Soziologen Manuel Castells trotz der zunehmenden Polarisierung und Ungleichheit der Einkommen statt; Stellenkategorien werden gestaltloser.[10] Andere Beobachter der sozialen Mobilität betonen sogenannte »retrospektive Verluste« in einem flexiblen Netzwerk. Da Menschen, die in flexiblen Organisationen einen Wechsel riskieren, häufig wenig präzise Informationen über ihre neue Position besitzen, erkennen sie erst nachträglich, daß sie falsch entschieden haben. Hätten sie es gewußt, wären sie das Risiko nicht eingegangen. Aber Organisationen befinden sich so oft im Zustand interner Fluktuation, daß es sinnlos ist, rationale Entscheidungen über die eigene Zukunft auf der Basis der gegenwärtigen Unternehmensstruktur zu treffen.[11]

Die nüchternste Berechnung bei einem Wechsel ist die, ob man mehr Geld verdienen wird; die statistischen Werte über den Lohn des Wandels in der gegenwärtigen Wirtschaftsordnung sind entmutigend. Heutzutage wirkt sich ein Wechsel des Arbeitsplatzes für mehr Menschen negativ als positiv aus: 34% verlieren nennenswert, 28% gewinnen nennenswert. (Siehe Tabelle 8.) Vor einer Generation waren die Zahlen etwa umgekehrt; trat man in eine neue Firma ein, so verdiente man etwas mehr, als wenn man in der alten befördert wurde. Dennoch war die Fluktuation zwischen Firmen niedriger als heute, Faktoren wie Arbeitsplatzsicherheit und Unternehmensbindung hielten die Menschen an ihrem Platz.

Ich möchte aber betonen, daß man sich hier auf unsicheres Terrain begibt. Die statistischen Pfade, die zu diesem Muster führen, sind ein komplexer Vorstoß ins Dickicht von Alter, sozialer Position der Eltern, Rasse, Bildung und purem Glück. Feinere Abstufungen machen die Dinge kaum klarer. Es scheint beispielsweise, als wäre für Börsenmakler, die wegen mangelnden Erfolgs gefeuert werden, ein Gehaltszuwachs durch einen Wechsel doppelt so wahrscheinlich wie für solche, die sagen, sie hätten ihre Firma freiwillig verlassen. Warum das so sein sollte, ist nicht nachzuvollziehen.

Aus diesen Gründen ist berufliche Mobilität in der heutigen Gesellschaft häufig ein undurchschaubarer Vorgang. Er steht in Kontrast zu den Verhandlungen zwischen großen, durch Gewerkschaften vertretenen Gruppen von Arbeitnehmern und Managern, die ebenso große Unternehmensverbände kontrollieren; diese Verhandlungen haben in der Vergangenheit Einkommenszuwächse und -verluste ebenso durchschaubar gemacht wie Beförderungen oder Herabstufungen. Die Beziehungen zwischen Arbeitnehmern und Arbeitgebern bewegten sich innerhalb klarer Kategorien. Wie die Wirtschaftsanalytikerin Rosabeth Moss Kanter so treffend formuliert, »lernen die alten bürokratischen Riesen jetzt das Tanzen«.[12] Ein Teil dieses neuen Tanzes ist der Widerstand gegen übergreifende Verhandlungen in großen Institutionen, statt dessen werden flexiblere und individuellere Wege gesucht, um Beförderung oder Einkommen zu regeln. Die Lohnskala und Tätigkeitsbeschreibungen eines Unternehmens wie General Motors sind heute komplizierter als in der Mitte des Jahrhunderts, als Daniel Bell ein starres, kollektives Regime vorfand.

Wenn Menschen nicht wissen, was geschehen wird, falls sie das Risiko eines Wechsels eingehen, warum sollen sie Hasard spielen? Die Bäckerei in Boston ist in dieser Hinsicht ein interessanter Fall, da die Firma niemals Personal einsparte; ganz im Gegenteil, sie sucht ständig Arbeitskräfte. Die Angestellten werden nicht entlassen, statt dessen gehen sie freiwillig, wie der Mann, der zu mir sagte: »Ich werde das nicht mein ganzes Leben machen.« Die obere Managementetage steht diesen Abgängen defensiv gegenüber und weist auf die Sicherheit, Attraktivität und den neuesten technischen Stand der Produktion hin. Rodney Everts ist weniger defensiv, aber ebenso erstaunt. »Wenn mir Leute sagen, sie hätten hier keine Zukunft, frage ich, was sie suchen. Sie wissen es nicht; sie sagen einfach, es ist falsch, an einem Arbeitsplatz hängenzubleiben.« Zum Glück werden in Boston zur Zeit genug Stellen für Arbeitskräfte mit Niedriglöhnen angeboten, aber der bloße Impuls zum Wechsel hat etwas Rätselhaftes.

Als ich Everts von den soziologischen Studien über strukturelle Löcher erzählte, war seine Antwort: »So zeigt uns die Wissenschaft, daß der Mensch von der Gefahr angezogen wird, wie die Motte von der Flamme.« (Wie schon erwähnt, liest er aufmerksam die Prosa der King James-Bibel.) Der Impuls zum Eingehen von Risiken, so blind, ungewiß oder gefährlich er sein mag, deutet eher auf kulturell geprägte Motive hin.

Wenn alles Risiko-auf-sich-Nehmen eine Reise ins Unbekannte ist, so hat doch der Reisende gewöhnlich ein Ziel vor Augen. Odysseus wollte den Weg in seine Heimat finden, Julien Sorel den in die Oberschicht. Die moderne Kultur des Risikos weist die Eigenheit auf, schon das bloße Versäumen des Wechsels als Zeichen des Mißerfolgs zu bewerten, Stabilität erscheint fast als Lähmung. Das Ziel ist weniger wichtig als der Akt des Aufbruchs. Gewaltige soziale und ökonomische Kräfte haben an dieser Insistenz auf ständiger Veränderung gearbeitet: die Entstrukturierung von Institutionen, das System der flexiblen Produktion – auch die handfestesten Immobilien scheinen in Fluß geraten zu sein. Da will niemand zurückbleiben. Wer sich nicht bewegt, ist draußen.

Veränderungen dieser Art machen es schwierig, die Bewegung zu messen. Es fehlen nicht nur die institutionellen Seezeichen, die Entscheidung zum Aufbruch scheint bereits wie eine Vollendung; worauf es ankommt, ist, daß man sich zu einem Bruch entschlossen hat. Für Menschen mit schwachen oder oberflächlichen Bindungen an ihre Arbeit, wie die Bäcker, gibt es wenig Grund, an Land zu bleiben. Zu den materiellen Wegweisern der Reise könnten Arbeitsverbesserungen oder Einkommenssteigerungen zählen, aber Seitwärtsbewegungen, retrospektive Verluste und undurchschaubare Einkommenskategorien lösen diese Wegweiser des Fortschritts auf.

Es wird also schwierig, sich gesellschaftlich zu orientieren, schwieriger als im Klassensystem der Vergangenheit. Es ist nicht so, daß Ungleichheit und soziale Abstufungen verschwunden wären – ganz im Gegenteil. Vielmehr ist es so, als habe man durch die eigene Bewegung plötzlich deren Wirklichkeit aufgehoben; man sucht nur nach dem strukturellen Loch, ohne viel zu kalkulieren oder rational abzuwägen, einfach in der Hoffnung, durch den Wechsel werde sich etwas bieten, und man werde eine neue Nische in der sozialen Ordnung finden. Ein großer Teil der soziologischen Forschungsarbeiten über das Risiko spricht von Strategie und Spielplänen, Kosten und Nutzen. Das ist eine Art akademischer Traum. Das Risiko im realen Leben hat eine ganz andere, elementarere Antriebskraft: die Furcht davor, nichts zu tun. In einer dynamischen Gesellschaft ist der Stillstand wie der Tod.

Roses Risikoerfahrung ist persönlicher; ihre Angst vor dem Stillstand hatte mit ihrer Langeweile nach zwanzig Jahren in der Trout Bar zu tun. Ihre unklare Suche galt eher interessanter Arbeit als einem höheren Einkommen. Dennoch hat ihre Geschichte etwas mit der jener Menschen zu tun, die von materiellem Streben getrieben werden.

Viele Studien über berufliche Risiken weisen darauf hin, daß das stimulierende Hochgefühl des Wechsels zu einem

Zeitpunkt eintritt, wenn die Menschen die Entscheidung treffen, einen Bruch zu vollziehen, ihre Stellung zu verlassen. Das traf auch auf Rose zu. Aber mit dieser anfänglichen Begeisterung war die Geschichte nicht zu Ende. Rose fing jeden Tag von vorne an, die Wirkung der Zufallsmathematik wurde für sie durch eine Unternehmenskultur verstärkt, in der sie nie wußte, welche Karten sie hatte. Diese Unschärfe trifft auch auf jene zu, die nur mehr Geld oder eine bessere Stellung suchen.

Es könnte daher scheinen, als wäre das Eingehen von Risiken weniger entmutigend, wenn es tatsächlich möglich wäre, den Traum des akademischen Strategen zu verwirklichen, nämlich Gewinne und Verluste rational zu kalkulieren und das Risiko durchschaubar zu machen. Der moderne Kapitalismus hat gewisse Risiken jedoch auf eine Art organisiert, welche diese Klarheit nicht attraktiver macht. Sie zwingt viele Menschen, beachtliche Risiken einzugehen, obwohl die Spieler wissen, daß ihre Gewinnchancen gering sind.

Um dies zu illustrieren, möchte ich an eine zufällige Bemerkung anknüpfen, die Rose eines Nachmittags darüber machte, was jedesmal geschah, wenn einer der schwarzgekleideten Angestellten der Werbeagentur gefeuert wurde. »Die Leute standen bis auf den Korridor, auf den Schreibtischen lagen Hunderte von Bewerbungsschreiben, das waren junge Leute, die uns anflehten, zumindest zu einem Bewerbungsgespräch kommen zu dürfen.« Das Problem ist nur allzu bekannt. Es gibt auch in anderen Bereichen wie in der Architektur, in den Lehrberufen und bei den Juristen ein massives Überangebot an qualifizierten jungen Arbeitskräften.

Natürlich gibt es handfeste materielle Gründe für ein Studium. Amerikanische Daten (die für alle entwickelten Ökonomien repräsentativ sind) zeigen, daß in den letzten zehn Jahren der Einkommenszuwachs für Arbeitnehmer mit Studienabschluß um 34% höher lag als bei Arbeitnehmern, die nur die Highschool abgeschlossen hatten. Die Universitätsabsolventen, die schon zu Beginn mehr verdient hatten, vergrößerten also den Abstand zu ihren weniger qualifizierten Kollegen in einem einzigen Jahrzehnt um weitere 34%. Die meisten westlichen Gesellschaften haben die Türen der höheren Bildungseinrichtungen weit geöffnet; es wird geschätzt, daß im Jahr 2010 41% aller Fünfundzwanzigjährigen in den USA ein vierjähriges und 62% ein zweijähriges Studium abgeschlossen haben werden; der Anteil in Großbritannien und Westeuropa wird um jeweils etwa 10% niedriger geschätzt.[13] Aber nur ein Fünftel aller Stellen auf dem amerikanischen Arbeitsmarkt setzt einen Studienabschluß voraus, und der Prozentsatz dieser hochqualifizierten Stellen wächst nur langsam. (Siehe Tabelle 9.)

Überqualifizierung ist ein Zeichen der Polarisierung, welche das neue Regime kennzeichnet. Der Ökonom Paul Krugman erklärt die wachsende Ungleichheit in den Begriffen des Wertes technologischer Qualifikation: »Wir erhöhen das Einkommen hochqualifizierter Leute, die Flugzeuge [und andere High-Tech-Produkte] herstellen«, schreibt er, »und senken die Löhne der Ungelernten.«[14] Der führende Investmentbanker und Diplomat Felix Rohatyn stimmt ihm zu, seiner Meinung nach vollzieht sich in der Gesellschaft eine ungeheure Verschiebung – »ein gewaltiger Vermögenstransfer von den weniger qualifizierten Arbeitnehmern aus der Mittelschicht zu Kapitaleignern und einer neuen technologischen Aristokratie«.[15] Eine solche technologische Elite definiert und legitimiert sich, wie der Soziologe Michael Young schon vor vierzig Jahren in seinem Essay *Meritocracy* vorhersah, durch formale Bildung.[16]

Unter diesen Bedingungen entsteht eine Art extremer Risikobereitschaft, bei der zahlreiche junge Menschen darauf setzen, zu den Auserwählten zu gehören. Das Eingehen solcher Risiken geschieht auf dem, was die Wirtschaftswissenschaftler Robert Frank und Philip Cook »Märkte des Alles oder Nichts« nennen. In dieser konkurrenzgeprägten Szenerie räumen die Erfolgreichen den Spieltisch ab, während die Masse der Verlierer das Wenige teilt, was übrigbleibt. Das Schlüsselelement, das die Entstehung eines solchen Marktes erlaubt, ist die Flexibilität. Ohne ein bürokratisches System, das Wohlstandszuwächse innerhalb einer Hierarchie verteilt, streben die Gewinne zu den Mächtigsten; in regellosen Institutionen werden die, die in der Lage sind, alles zu nehmen, dies auch tun. Die Flexibilität verstärkt die Ungleichheit.[17]

Nach Ansicht dieser Ökonomen »hat die Auszahlungsmentalität [der modernen Wirtschaft] zu viele [Individuen] dazu geführt, bescheidenere, aber produktive Alternativen aufzugeben. Sie sind nur hinter dem Hauptgewinn her.«[18] Natürlich ist das ein guter elterlicher Ratschlag: Sei realistisch, bescheide dich! Doch dieser Rat ist mit einer Überzeugung verbunden, die man bis zu Adam Smith zurückverfolgen kann: Solche Risiken werden oft in unrealistischer Selbsteinschätzung eingegangen. Im *Wohlstand der Nationen* schrieb Smith: »Jeder überschätzt mehr oder weniger seine Erfolgschancen, während die meisten das Risiko des Verlustes unterschätzen, und kaum einer veranschlagt es höher, als es tatsächlich ist ...«[19] Frank und Cook teilen in diesem Zusammenhang das Ergebnis einer neueren Studie mit, die zu dem Ergebnis kam, daß sich von einer Million amerikanischer Highschoolabgänger 70% überdurchschnittliche und nur 2% unterdurchschnittliche Führungsqualitäten zuschrieben.

Dies scheint mir allerdings die Relation zwischen Risiko und Charakter nicht richtig wiederzugeben. Wer nichts einsetzt, akzeptiert sich von vornherein als Verlierer. Die meisten Menschen, die sich auf einen Markt des Alles oder Nichts begeben, kennen die Wahrscheinlichkeit des Scheiterns, blenden dieses Wissen aber aus; Hauptsache, man macht die Anstrengung und ergreift die Chance, selbst wenn die Vernunft einem sagt, daß man zum Scheitern verurteilt ist. Nichts zu tun, erscheint eher passiv als vorsichtig.

Diese Haltung kann man als Idee bis auf die frühen Lobgesänge auf den Händler in den politökonomischen Schriften von Smith und Mill zurückführen. Der Imperativ, Risiken auf sich zu nehmen, hat sich in der modernen Gesellschaft ungeheuer erweitert. Riskantes zu tun, ist eine Charakterprobe geworden: das Entscheidende ist, die Anstrengung auf sich zu nehmen, den Sprung zu wagen, selbst wenn man weiß, daß die Erfolgschancen sehr gering sind. Diese Haltung wird durch ein verbreitetes psychologisches Phänomen verstärkt.

Bei der Konfrontation mit etwas, das ungewiß, konfliktträchtig und daher beunruhigend ist, richtet sich die Aufmerksamkeit eines Menschen eher auf die unmittelbaren Umstände als auf langfristige Perspektiven. Die Sozialpsychologie bezeichnet diese Verfassung als »kognitive Dissonanz« – miteinander konfligierende Bedeutungsrahmen. (Über die kognitive Dissonanz haben in verschiedenen Zusammenhängen unter anderen Gregory Bateson, Leon Festinger und ich geschrieben.[20]) Roses Bedürfnis nach Anerkennung in der Agentur, die eine solche Anerkennung ihrer Natur nach gar nicht leisten konnte, was Rose wiederum im Grunde wußte, ist eine klassische Form kognitiver Dissonanz. Eine Person, die sich in einem solchen Konflikt befindet, fixiert ihre Aufmerksamkeit auf das naheliegendste Problem, blendet den größeren Zusammenhang aus.

Wenn ein Mensch nicht daran glaubt, daß das Problem zu lösen ist, wird das langfristige Denken sozusagen aufgehoben. In diesem Zustand werden Menschen über die unmittelbaren Umstände, in denen sie gefangen sind, immer und immer wieder in dem Bewußtsein sinnieren, es müsse etwas getan werden, auch wenn sie nichts tun. Permanent fixierende Aufmerksamkeit tritt als traumatische Reaktion bei allen höheren Tieren auf: die Augen des Kaninchens sind starr auf die Schlange geheftet.

Für einen Menschen können die Nachwirkungen einer Risikohandlung zu permanenter fixierender Aufmerksamkeit dieser Art führen. »Nirgends hinkommen«, »immer wieder von vorne anfangen«: wenn man mit scheinbar bedeutungslosem Erfolg konfrontiert ist oder der Unmöglichkeit, für seine Anstrengung belohnt zu werden, bleibt die Zeit stehen; der Mensch wird in dieser Situation ein Gefangener der Gegenwart und bleibt auf ihre Dilemmata fixiert. Dieses paralysierende Trauma hielt Rose mehrere Monate gefangen, bevor sie sich von ihrem Risiko in der Geschäftswelt erholte und in die Trout Bar zurückkehrte.

Roses Aussage: »Ich habe die Nerven verloren«, verweist auf eine brutalere und weniger komplizierte Art der Verwundbarkeit. Sie hat mit dem Alter zu tun. Die jetzigen Bedingungen im Geschäftsleben stecken voller Vorurteile gegen das Alter, negieren den Wert der Erfahrung. Die moderne Unternehmenskultur geht davon aus, daß Menschen mittleren

Alters risikoscheu sind, nicht gerne etwas Neues auf sich nehmen. Und diese Vorurteile sind schwer zu bekämpfen.

Für Rose war der erste Schock, den sie in dem Büro an der Park Avenue erlitt, die plötzliche Erkenntnis, wie alt sie war – nicht nur biologisch, sondern auch gesellschaftlich. »Ich hab diese berufstätigen Mädchen angeguckt – und es waren Mädchen; sie sehen gut aus, und sie haben diesen Locust Valley-Akzent« (ein New Yorker Oberklassenakzent). Rose konnte nie ihren nasalen Akzent aus der unteren Mittelschicht loswerden, aber sie versuchte, ihr Äußeres zu verändern, um jünger auszusehen. »Ich hab eine Frau bei Bloomingdale's bezahlt, damit sie mir bessere Sachen kauft, und ich hab mir weiche Kontaktlinsen geholt, die ganz schrecklich waren.« Sie reizten aus irgendeinem Grund ihre Augen, und im Büro sah sie aus wie eine Frau, die immer kurz davor war, in Tränen auszubrechen. Die Vorurteile gegen ihr Alter wurden Rose gegenüber auf eine Art ausgedrückt, die nicht unbedingt verletzend wirken sollte. »Als ich die Linsen kriegte, haben die Mädchen im Büro sich richtig überschlagen. ›Oh, du siehst ja so gut aus.‹ Ich wußte nicht, ob ich ihnen glauben sollte oder nicht.«

Folgenschwerer war vielleicht, daß ihre Erfahrungen, was Leute in Bars trinken und wie sie sich verhalten, nicht viel galt. Bei einer Besprechung kam ein Moment, wo »alle über ›light‹ dieses und ›light‹ jenes geredet haben, und ich sagte: ›Niemand geht in eine Bar, um abzunehmen.‹« Wie reagierten die anderen darauf? »Als wär ich ein Museumsstück: die alte Bardame.« Ich sollte anmerken, daß Roses bissiger Kommunikationsstil nicht der war, der auf Business Schools gelehrt wird. Sie hörte jedoch nie auf, den Stachel ihres Alters zu spüren, besonders, wenn er in der Form des Mitgefühls jüngerer Kollegen auftrat. Trotz dieses Mitleids wurde sie von ihnen nie in die Clubs oder Bars mitgenommen, in denen die Hauptarbeit der Werbeindustrie stattfindet. Rose war aufrichtig verblüfft, daß sie wegen ihrer praktischen Erfahrung eingestellt worden war, dann aber als jemand ignoriert wurde, der zu alt, außen vor, verkalkt war.

Eine statistische Grundlage für die Haltung gegenüber dem Alter in der modernen Arbeitswelt liegt im kürzer werdenden Zeitrahmen der Erwerbstätigkeit. Der Anteil der berufstätigen Männer zwischen 55 und 64 Jahren ist in den USA von fast 80% im Jahre 1970 auf 65% im Jahre 1990 gesunken, die Zahlen für Großbritannien sind fast identisch; in Frankreich ist dieser Anteil von fast 75% auf etwas über 40% gesunken, in Deutschland von fast 80% auf etwas über 50%.[21] Am Beginn des Arbeitslebens gibt es eine geringere Verkürzung: das Alter, in dem junge Leute zu Arbeitnehmern werden, hat sich wegen der gewachsenen Bedeutung der Ausbildung um ein paar Jahre erhöht. Somit sagt Manuel Castells für Amerika und Westeuropa voraus, daß »sich bei einer Lebenszeit von ungefähr 75 bis 80 Jahren das eigentliche Arbeitsleben auf etwa 30 Jahre (von 24 bis 54) verkürzen könnte«.[22] Das heißt, die produktive Lebensspanne wird auf weniger als die Hälfte der biologischen Lebensspanne zusammengepreßt, und ältere Arbeitnehmer müssen, lange bevor sie körperlich oder geistig arbeitsunfähig werden, abtreten.

Die Betonung der Jugend ist eine Folge der Verdichtung des Arbeitslebens. Im 19. Jahrhundert ging es bei der Präferenz für die Jugend um billige Arbeitskräfte: die »Fabrikmädchen« von Lowell (Massachusetts) und die »Grubenjungen« im nordenglischen Bergbau arbeiteten für Löhne weit unter denen Erwachsener. Im Kapitalismus von heute existiert diese Bevorzugung niedrig bezahlter Jugendlicher noch immer, vor allem in den Fabriken und »Sweat-shops« der weniger entwickelten Länder. Andere Attribute der Jugend scheinen sie jedoch auf den höheren Arbeitsebenen beliebt zu machen, und diese Attribute liegen eher im Bereich gesellschaftlicher Vorurteile.

Eine kürzliche Ausgabe des *California Management Review* sucht beispielsweise die Vorteile der Jugend und die Nachteile des Alters in flexiblen Organisationen zu erklären. Der Artikel argumentiert, ältere Arbeitnehmer seien geistig eingefahren, risikofeindlich und hätten nicht die rein körperliche Energie, mit den Anforderungen in einem flexiblen Betrieb fertig zu werden.[23] Diese Überzeugungen drücken sich im Bild betrieblichen »Alteisens« aus. Ein Angestellter in einer Werbefirma sagte der Soziologin Katherine Newman: »In der Werbung ist man über dreißig tot. Das Alter ist ein Killer«; ein Angestellter an der Wall Street sagte ihr: »Arbeitgeber meinen, wenn man älter ist als vierzig, könnte man nicht mehr denken und über fünfzig wär man ausgebrannt.«[24] Jugend ist gleich Flexibilität, Alter gleich Erstarrung.

Diese Vorurteile dienen mehreren Absichten. So stempeln sie ältere Arbeitskräfte als ohne weiteres zur Verfügung stehende Entlassungskandidaten beim Re-engineering von Firmen. Im anglo-amerikanischen Regime hat sich in den letzten zwanzig Jahren die Rate der unfreiwilligen Entlassungen von Männern zwischen vierzig und Mitte fünfzig verdoppelt. Die sich in der Metapher vom »alten Eisen« abbildende Gleichsetzung von Alter und Erstarrung erklärt auch den Druck, den Firmen heute auf ihre Angestellten ausüben, mit Ende Fünfzig in den Ruhestand zu gehen, obwohl sie geistig vielleicht auf dem Höhepunkt ihrer Fähigkeiten stehen.

Ältere, erfahrenere Arbeitskräfte neigen dazu, Vorgesetzte

kritischer zu betrachten als Arbeitskräfte am Beginn ihrer Laufbahn. Ihr akkumuliertes Wissen verleiht ihnen etwas, was der Ökonom Albert Hirschman die Macht der »Stimme« nennt, was bedeutet, daß ältere Angestellte eher Entscheidungen widersprechen, die ihnen verfehlt erscheinen. Sie tun es öfter aus Loyalität gegenüber dem Unternehmen als gegenüber einem bestimmten Manager. Viele jüngere Arbeitskräfte nehmen offensichtlich falsche Anordnungen bereitwilliger hin. Wenn sie sich nicht mehr wohlfühlen, gehen sie lieber weg, als innerhalb und zugunsten der Organisation zu kämpfen. Nach Albert Hirschman neigen sie zur »Abwanderung«.[25] In der Werbeagentur bemerkte Rose, daß ältere Werbeleute den Chefs, die oft jünger waren als sie, tatsächlich häufiger widersprachen als jüngere Angestellte. Einer dieser langjährigen Mitarbeiter wurde im Gegenzug von seinem Chef geradezu verhöhnt: »Es gefällt Ihnen hier vielleicht nicht, aber Sie sind zu alt, um woanders noch einen Job zu kriegen.«

Für ältere Arbeitnehmer senden die Vorurteile gegenüber dem Alter eine persönlichere Botschaft aus: Während sich die Erfahrung in ihnen ansammelt, verliert sie zugleich an Wert. Was ein älterer Mitarbeiter im Laufe der Jahre in seinem Beruf gelernt hat, könnte zukünftigen Veränderungen in der Firma im Wege stehen. Aus der Sicht des Unternehmens erscheint die Flexibilität der Jugend formbarer – sowohl beim Eingehen von Risiken als auch beim fraglosen Gehorsam. Aber auch über die Vorurteile der Macht hinaus hat diese Botschaft noch eine machtvolle persönliche Bedeutung.

Es war Rico, der mir das bewußt machte, als er von seiner Sorge sprach, technisch nicht mehr auf dem neuesten Stand zu sein. Irgendwann während des Fluges bemerkte ich, daß ich das Gefühl hätte, beim Schreiben jedesmal wieder ganz von vorn anfangen zu müssen; mein Selbstbewußtsein werde nicht größer, egal, wie viele Bücher ich veröffentlichte. Dieser junge, tüchtige Mann pflichtete mir sofort voller Mitgefühl bei. Auch auf seinem Gebiet habe er diese Angst. Obwohl er zwanzig Jahre jünger war als Rose, sagte er, als Ingenieur sei er »nur noch Zuschauer«.

Zunächst erschien mir das als völliger Unsinn. Rico erklärte mir, daß die wissenschaftlichen Kenntnisse aus seinem Studium nicht mehr der letzte Stand seien; er verstehe, was sich auf dem dynamischen Feld der Informationstechnologie tue, sagte aber, er sei der Entwicklung nicht mehr wie früher einen Schritt voraus. Jüngere Ingenieure von Anfang Zwanzig behandeln ihn, der jetzt Ende Dreißig ist, als wäre er ein wenig vertrocknet. Ich fragte ihn, ob er mal daran gedacht habe, noch einmal ein »Re-training« auf der Universität zu absolvieren, worauf er mich säuerlich ansah. »Wir reden nicht davon, auf ein paar neue Knöpfe zu drücken. Ich bin zu alt, um noch mal von vorn anzufangen.«

Wenn ich seine Erklärung recht verstehe – und ich gebe nicht vor, das in technischer Hinsicht zu tun –, sind komplexe Kenntnisse wie die seinen nicht länger additiv und erlauben es nicht mehr, auf derselben Basis immer höher aufzubauen; die Entwicklung eines neuen Felds erfordert von Anfang an einen neuen Ansatz, der sich am wirksamsten von jungen Köpfen verwirklichen läßt.

Ein amerikanischer oder europäischer Ingenieur, der seine Stelle an einen Berufskollegen in Indien verliert, der für weniger Geld arbeitet, wird um die Ausübung seiner Fähigkeiten gebracht – eine Version dessen, was Soziologen »Fähigkeitsverlust« nennen. Niemand hat Rico sein technisches Wissen genommen, seine Furcht richtet sich auf eine Schwäche, die er wegen des bloßen Vergehens der Zeit in sich selbst spürt. Oft, sagt er, wird er wütend, wenn er Fachzeitschriften liest. »Ich stoß da auf Dinge, da sag ich mir, darauf hättest du auch kommen können. Ich bin aber nicht darauf gekommen.« Rico entspricht kaum dem Klischee des »alten Eisens«, aber er weiß, daß seine technische Kompetenz »von gestern« ist. Auf diese Weise treten die Betonung der Jugend und seine persönliche Interpretation des Alterns zusammen. Das gesellschaftliche Vorurteil verstärkt die innere Furcht vor dem Verlust seiner Fähigkeiten.

Rico sieht beide Aspekte in seinem Büro zusammenwirken. Er beschäftigt drei brillante junge Ingenieure, die zehn Jahre jünger sind als er, in seinem Consultingteam. »Mein Hauptproblem ist, wie ich sie halte.« Er ist sich sicher, daß die Fähigsten bald woandershin gehen werden. Sie haben keine Bindung an die Firma, und sie sind unruhig. Auch die Tatsache, daß Rico bereit ist, ihnen eine echte Stimme in der Firma zu geben, wird daran nichts ändern, meint er. »Ich habe keine Autorität bei ihnen.« Seine Erfahrung wird von ihnen nicht respektiert.

Auf ihre bescheidenere Weise gab Roses Zeit an der Park Avenue ihr das Gefühl, ihr Wissen sei veraltet. Meiner Meinung nach zu ihrem ewigen Ruhm, hatte Rose nie solche exotischen neuen Cocktails wie die »Highland Land-Mine« (ein Drittel schottischer Whisky, zwei Drittel Wodka auf gestoßenem Eis) gemixt, geschweige denn von ihnen gehört. Aber es bedrückte sie, so etwas nicht zu kennen, um so mehr, als sie sich bei einer Besprechung mit einem langen Vortrag über solche Zaubertränke der Jugend durchmogelte. Ich bezweifle, daß Ricos Kenntnisse so veraltet sind, wie er meint; ich weiß, daß Rose in ihrer Agentur in gewissem Sinn gut gearbeitet haben muß, denn sie überlebte, während jüngere Angestellte gefeuert wurden. Aber beide hatten die Angst, daß die Erfahrungen ihrer Vergangenheit nicht zählen.

Das neue Regime respektiert in der Tat nicht, daß der pure Ablauf der Zeit, der zur Ansammlung von Kenntnissen notwendig ist, einer Person Stellung und Rechte verleiht – Wert im greifbaren Sinn; sie bewertet solche auf dem Ablauf der Zeit beruhenden Ansprüche als ein weiteres Übel des alten bürokratischen Systems, in dem die Rechte des Dienstalters die Unternehmen lähmten. Im neuen Regime zählen nur unmittelbare Fähigkeiten.

Die flexible Unternehmenspraxis wie auch die gegenwärtige staatliche Arbeitspolitik in Großbritannien und den USA stützen sich auf die Annahme, der rasche Wechsel beruflicher Fähigkeiten sei die Norm. Historisch gesehen ist das Ausscheiden von Menschen mit »alten« Fähigkeiten allerdings meist ein langsamer Prozeß gewesen. Es dauerte etwa zwei Generationen, um ein Handwerk wie die Weberei im späten 18. Jahrhundert zu verdrängen, und die Veränderungen im Fordwerk Highland Park brauchten zu Beginn des 20. Jahrhunderts fast dreißig Jahre. Es mag überraschen, daß der technische Wandel bei vielen Fabrik- und Bürotätigkeiten heute eher gemächlich ist; wie viele Arbeitssoziologen bemerkt haben, brauchen Institutionen lange, um die Technologien zu verdauen, die sie sich einverleibt haben.[26] Der Ablauf der Zeit ist also notwendig, um neue Fähigkeiten zu entwickeln; wer ein Buch über das Tischlern gelesen hat, ist noch kein Tischler.

Trotz dieser langfristigen historischen Trends spendet der Zeitrahmen des Risikos wenig persönlichen Trost. Persönliche Ängste sind tief mit dem neuen Kapitalismus verknüpft.

Kürzlich schrieb ein Autor in der *New York Times*, »die Sorge um den Arbeitsplatz ist überall eingedrungen, löst das Selbstwertgefühl auf, zerrüttet Familien, zersetzt Gemeinschaften und verändert die Atmosphäre am Arbeitsplatz«.[27] Viele Ökonomen behandelten das als Unsinn, die Fakten der neu geschaffenen Stellen in der neoliberalen Ordnung schienen es völlig zu widerlegen. Dennoch benutzte der Autor das Wort »Sorge« präzise. Sorge ist eine auf die Zukunft bezogene Furcht, die in einem Klima entsteht, das ständige Risiken betont; die Sorge verdoppelt sich, wenn die Erfahrung als Führer durch die Gegenwart ausgedient zu haben scheint.

Wenn die Negation der Erfahrung bloß ein von oben aufgezwungenes Vorurteil wäre, so wären wir, die Menschen mittleren Alters, einfach nur Opfer eines institutionalisierten Jugendkults. Aber die Angst vor der Zeit hat uns tiefer geprägt. Das Vergehen der Jahre scheint uns auszuhöhlen. Unsere Erfahrung ist nicht mehr in Würde zitierbar. Solche Überzeugungen gefährdeten unser Selbstbild, sie sind ein größeres Risiko als das des Glücksspielers.

Wieder in der Trout Bar, fand Rose zu alter Robustheit zurück. Sie hatte ihr Leben wieder im Griff, bis sie an Lungenkrebs starb. »Ich nehm an, es war ein Fehler«, sagte sie einmal über ihre Zeit in der Agentur, als wir bei Zigaretten und einem Drink zusammensaßen, »aber ich mußte es tun.«

Kapitel 6

Das Arbeitsethos

»Alle Kunst«, erklärte Oscar Wilde im Vorwort zum *Bildnis des Dorian Gray*, »ist zugleich Oberfläche und Symbol. Wer unter die Oberfläche geht, tut es auf eigene Gefahr.«[1] Ricos Nachbarn weigern sich, ihn mehr als oberflächlich wahrzunehmen. Die Bäcker bedienen benutzerfreundliche Maschinen, die ihnen nur ein oberflächliches Verständnis dessen, was sie da tun, erlauben. Rose arbeitete bei einer Firma an der Park Avenue, wo die Betonung von Jugend und gutem Aussehen – den leider flüchtigsten menschlichen Eigenschaften – bedeutete, daß ihre gesammelte Lebenserfahrung wenig wert war. Wilde liebte die Oberflächen und Masken der Kunst; die Oberflächlichkeiten der modernen Gesellschaft sind erniedrigender.

Ein Grund für diese entwürdigende Oberflächlichkeit ist die Desorganisation der Zeit. Der Pfeil der Zeit ist zerbrochen; er hat keine Flugbahn mehr in einer sich ständig umstrukturierenden, routinelosen, kurzfristigen Ökonomie. Die Menschen spüren das Fehlen anhaltender persönlicher Beziehungen und dauerhafter Absichten. Coca-Cola Light mag gut für das Gewicht sein, aber »Zeit Light« ist nicht gut für das Herz. Die Menschen, die ich hier beschrieben habe, sind von der Oberflächlichkeit ihres Lebens, von ihrer Unzufriedenheit mit ihrem gegenwärtigen Status zu einer Suche nach Tieferem getrieben worden.

Das Arbeitsethos ist die Arena, in der eine tiefere Erfahrung heute am nachhaltigsten angegriffen wird. So wie wir das Arbeitsethos gewöhnlich verstehen, steht es für den disziplinierten Gebrauch der eigenen Zeit und den Wert aufgeschobener Belohnung. Diese Disziplin der Zeit formte Enricos Leben ebenso wie das der Automobilarbeiter in Willow Run und der griechischen Bäcker in Boston. Sie arbeiteten hart, und sie warteten; das war ihre psychische Erfahrung von Tiefe. Eine solche Arbeitsethik hängt teilweise von Institutionen ab, die stabil genug sind, um einem Menschen das Abwarten zu erlauben. In einer Ordnung, wo sich Institutionen rasch verändern, verliert die aufgeschobene Belohnung ihren Wert. Es wird sinnlos, lange und hart für einen Arbeitgeber zu arbeiten, der nur daran denkt, schnell wieder zu verkaufen und neu anzufangen.

Es wäre nicht mehr als morose Sentimentalität, den Niedergang von harter Arbeit und Selbstdisziplin zu beklagen – ganz zu schweigen von Wohlerzogenheit und Respekt vor den Älteren und all den anderen Freuden der guten alten Zeit. Die alte Arbeitsethik war eine ernste Sache und erlegte der arbeitenden Person schwere Lasten auf. Die Menschen versuchten, ihren Wert durch ihre Arbeit zu erweisen; in der Form der von Max Weber sogenannten »weltlichen Askese« konnte aufgeschobene Belohnung zu einer äußerst selbstzerstörerischen Praxis werden. Die moderne Alternative zur langfristigen Zeitdisziplin ist aber kein echter Ausweg aus dieser Selbstverleugnung.

Das moderne Arbeitsethos konzentriert sich auf die Teamarbeit. Sie propagiert sensibles Verhalten gegenüber anderen, sie erfordert solche »weichen Fähigkeiten« wie gutes Zuhören und Kooperationsfähigkeit; am meisten betont die Teamarbeit die Anpassungsfähigkeit des Teams an die Umstände. Teamarbeit ist die passende Arbeitsethik für eine flexible politische Ökonomie. Trotz all des Psycho-Geredes, mit dem sich das moderne Teamwork in Büros und Fabriken umgibt, ist es ein Arbeitsethos, das an der Oberfläche der Erfahrung bleibt. Teamwork ist die Gruppenerfahrung der erniedrigenden Oberflächlichkeit.

Die alte Arbeitsethik beruhte auf dem disziplinierten Umgang mit der Zeit, wobei das Gewicht eher auf einer selbstauferlegten, freiwilligen Übung lag als auf der passiven Unterwerfung unter Zeitpläne oder Routine. In der Antike galt diese selbstauferlegte Disziplin als einziger Weg, mit dem Chaos der Natur fertig zu werden. Sie war eine von den Bauern jeden Tag neu zu bewährende Tugend. Hesiod gibt ihnen in den *Werken und Tagen* folgenden Rat:

> Nichts verschiebe auf morgen, auf übermorgen erst recht nicht!
> Arbeitet einer erfolglos, der Mann füllt nimmer die Scheuer,
> Nicht, wer die Arbeit verschiebt; denn Fleiß nur fördert die Arbeit.
> Wer seine Arbeit vertagt, wird immer ringen mit Schaden.[2]

Die Natur ist unberechenbar und gleichgültig, die Welt des Bauern hart. »Niemals am Tage ruhn sie von quälender Mühe und Jammer, und immer die Nächte reiben sie auf mit drückender Sorge«, schreibt Hesiod.[3]

In dieser Welt erschien die selbstauferlegte Disziplin im Umgang mit der Zeit jedoch eher als harte Notwendigkeit denn als menschliche Tugend. Die meisten Landleute waren zu Hesiods Zeit Sklaven statt Freibauern, und ob nun Sklave oder frei, ihren Zeitgenossen erschien der Kampf gegen die Anarchie der Natur weniger bedeutend als die Schlachten, die von den Stadtrepubliken gegeneinander geführt wurden. Thukydides wird später das Geschick der Athener und Spartaner bei der gegenseitigen Verwüstung des feindlichen Ackerlandes loben, als habe die Arbeit des Bauern keinen moralischen Anspruch auf Schonung.

Mit der Zeit wird aus der Notwendigkeit eine Tugend. Die moralische Statur des Bauern erscheint nun erhöhter. Fast fünf Jahrhunderte nach Hesiod beschwört Vergil im ersten Buch der *Georgica* noch immer die Anarchie der Natur:

> Oft, wenn der Bauer ins goldene Korn schon führte die
> Schnitter
> und vom gebrechlichen Halm schon streifte die Ähren
> der Gerste,
> sah ich aller Winde Gewalt hinwüten zur Walstatt,
> und sie rissen rings die gesegnete Saat mit den Wurzeln
> grundauf hoch in die Lüfte. Der Sturmwind fegte
> in schwarzem
> Wirbel spielend die Halme empor und fliegende
> Stoppeln.[4]

Vergil weiß wie Hesiod, daß der diesem Sturm ausgesetzte Bauer bestenfalls mit seiner Zeit haushalten kann. Aber gerade durch seine Standhaftigkeit ist der Bauer zu einer Art Held geworden.

Hierin liegt der Sinn jener berühmten Passage im zweiten Buch der *Georgica*, wo Vergil Kampf und Aufruhr beschreibt; der Mann, der den Boden pflügt, bleibt alldem fern: »Ihn beugt nicht des Volkes Gewalt, nicht schreckt ihn des Herrschers Purpurmantel, ... nicht Roms innerer Krieg noch sinkende Staaten.«[5] Der Bauer weiß, daß es keine entscheidenden Siege über die Natur gibt – der Sieg ist immer Illusion. Für Vergil liegt der moralische Wert des Landbaus darin, daß er eine vom Ergebnis unabhängige *ständige* Beharrlichkeit lehrt. Hesiods Ausspruch: »Wer seine Arbeit vertagt, wird immer ringen mit Schaden«, gewinnt in den *Georgica* eine neue Bedeutung. Der »Bauer« in uns allen ringt mit unserer eigenen Fähigkeit, uns selbst zu ruinieren. Die *Georgica* übertragen die Anarchie der Natur in eine Vision der inneren, psychischen Anarchie; gegen diese inneren Stürme kann sich das Individuum nur verteidigen, indem es sich auf die Organisation der Zeit konzentriert.

In dieser ersten Form enthielt die Vorstellung der Selbstdisziplin somit eine starke Dosis Stoizismus – nicht von der philosophischen Art, sondern eine Art praktischen Stoizismus, der das ständige Bedürfnis diktierte, die innere Anarchie zu bekämpfen, ohne Hoffnung auf einen endgültigen Sieg. Beim Übergang zum Frühchristentum formte dieser praktische Stoizismus die frühen Kirchenlehren über den Müßiggang – der Müßiggang erschien weniger als Zustand üppiger Genußsucht denn als *acedia*, ein innerer Zerfall des Selbst. Fast ein Jahrtausend, von Augustinus' Schilderung des Müßiggangs in seinen *Bekenntnissen* bis zur Frührenaissance, herrschte dieser praktische Stoizismus unangefochten. Die Zeiteinteilung, symbolisiert im Läuten der Kirchenglocken, konnte Männern und Frauen helfen, ihre Zeit zu organisieren, aber ihnen nicht den Wunsch nach Selbstdisziplin einpflanzen – dieser Wunsch konnte nur durch eine tiefere Sorge über das allgegenwärtige innere und äußere Chaos entstehen.

In der Frührenaissance wandelte sich dieser tiefverwurzelte praktische Stoizismus. Er wurde nicht direkt als ethischer Wert angegriffen, aber dennoch von einer neuen Sicht des Menschen als historischem Geschöpf beeinflußt, einem Geschöpf, das nicht einfach Jahr um Jahr erlitt und aushielt, sondern sich entwickelte und veränderte. Der permanente Stoizismus des Bauern genügte für den historischen Menschen nicht; die Bedingungen der Disziplin mußten einem sich wandelnden Ich angepaßt werden. Aber wie?

Vor diesem Dilemma stand der florentinische Renaissancephilosoph Pico della Mirandola in seiner *Rede über die Würde des Menschen.* Pico ist die erste moderne Stimme des *Homo faber*, des sich selbst erschaffenden Menschen. In seiner »Oratio« erklärte Pico: »Der Mensch ist ein Lebewesen von verschiedenartiger, vielgestaltiger und sprunghafter Natur.«[6] Menschen sind flexible Geschöpfe. In diesem biegsamen Zustand ist es dem Menschen gegeben, »zu haben, was er wünscht, zu sein, was er will«.[7] Statt die Welt so weiterzugeben, wie wir sie geerbt haben, müssen wir sie neu formen, davon hängt unsere Würde ab. Pico sagt, es sei »unedel ... nichts aus sich hervorzubringen«.[8] Unser Werk auf der Welt ist es, zu schaffen, und die größte Schöpfung ist die Gestaltung unserer eigenen Lebensgeschichte.

Der *Homo faber* widersprach dem traditionellen christlichen Dogma. Augustinus warnte: »Laßt ab von euch; versucht euch selbst zu erbauen, und ihr erbaut eine Ruine.« Ein Christ sollte nach Augustinus' Gebot vielmehr Leben und Beispiel Jesu nacheifern. Der englische Renaissancebischof Tyndale riet dem Gläubigen, »sich verwandelt und nach dem Bilde Christi geformt zu fühlen«. Jede bloß persönliche Schöpfung muß dahinter notwendigerweise zurückbleiben.[9] Es ist eine Tugend, den Gebrauch seiner Zeit zu disziplinieren, aber sündhafter Stolz, die eigene Geschichte gestalten zu wollen.

Pico war nicht taub für diese Überzeugungen. Auch er glaubte, ein christlicher Lebenswandel bedürfe der Selbstdisziplin und der Nachahmung exemplarischer Lebensläufe. Auf der anderen Seite behauptete er aber auch den Wert geistigen Schöpfertums. Sein Bild der historischen Zeit ist von den literarischen Modellen der geistigen Reise geformt; Pico führt den vielgeprüften Odysseus an, dessen Reisen ihre eigene, in sich geschlossene Geschichte schaffen, auch wenn der Seefahrer nie Zweifel an seinem schließlichen Ziel hegt. Auch der Christ in Pico ist sich des Zieles gewiß, aber Pico will doch in See stechen. Er ist einer der ersten Renaissancephilosophen, der psychische Risiken befürwortet, da er weiß, daß die inneren Meere wie die von den Entdeckern seiner Zeit besegelten Ozeane ein unvermessenes Territorium darstellen.

Diese beiden gegenläufigen ethischen Strömungen, Selbstdisziplin und Selbstschöpfung, traten im gefeiertsten Essay über die Arbeitsethik, Max Webers *Die protestantische Ethik und der Geist des Kapitalismus*, zusammen. Bei seiner Analyse der Morgenröte des modernen Kapitalismus suchte er eher ihre Komplementarität als ihren Widerspruch nachzuweisen. Gewiß glaubte Weber, daß Hesiods alter Ratschlag an den Bauern, »Schiebe nichts auf«, im Kapitalismus teilweise zu »Du mußt aufschieben« umgekehrt werde. Aber was du aufschieben mußt, ist dein Wunsch nach Befriedigung und Erfüllung; du mußt deine Lebensgeschichte so gestalten, daß du am Ende etwas erreicht hast, dann, und nur dann in jener zukünftigen Zeit, wirst du Erfüllung finden. In der Gegenwart mußt du noch immer wie Vergils Bauer Müßiggang, Schwäche und die Mächte des inneren Chaos durch eine starre, unerbittliche Zeiteinteilung bekämpfen. Diese Arbeitsethik hielt Weber schlicht gesprochen für einen Schwindel. Das Aufschieben hat nie ein Ende, während die gegenwärtige Selbstverleugnung schonungslos ist; der versprochene Lohn kommt niemals.

Die an den Universitäten am häufigsten vermittelte Version von Webers Aufsatz lautete etwa so: Der Protestant des 17. Jahrhunderts versuchte seinen Wert vor Gott zu beweisen, indem er sich selbst disziplinierte. Ich will durch meine Fähigkeit zur Selbstverleugnung beweisen, daß ich würdig bin, aber anders als der katholische Büßer im Kloster zeige ich dies durch meine Arbeit, versage mir jetzt etwas und sammle kleine Beweise der Tugend durch tägliche Opfer. Diese Selbstverleugnung wird zur »weltlichen Askese« der kapitalistischen Praxis des 18. Jahrhunderts mit ihrer Betonung auf Sparen statt Ausgeben, ihrer »Routinisierung« alltäglicher Handlungen, ihrer Furcht vor dem Vergnügen. Diese Reduzierung ihrer Aussage auf ein handliches kleines Paket bringt Webers Schrift um ihre tragische Größe.

Für Weber ist das Christentum ein ganz besonderer Glaube, da es Männer und Frauen durch die ständige Frage: »Bin ich ein würdiger Mensch?« in einen tief schmerzlichen Zweifel stürzt. Der Sündenfall und seine Folgen scheinen diese Frage entschieden zu beantworten: Du bist es nicht. Keine Religion könnte jedoch eine ungemilderte Version menschlicher Unwürdigkeit vertreten; sie wäre ein Rezept zum Selbstmord. Vor der Entstehung des Protestantismus hatte der Katholizismus seine Gläubigen durch die Unterwerfung unter die Institutionen der Kirche, ihre Rituale und die magische Kraft ihrer Priester zu beruhigen versucht. Der Protestantismus suchte ein individuelleres Heilmittel gegen den Selbstzweifel.

Eigentlich hätte Martin Luther die exemplarische Figur für Weber abgeben können, tat dies aber seltsamerweise nicht. In seinen 95 Thesen setzte der rebellische Mönch dem Trost des Rituals eine nacktere Glaubenserfahrung entgegen: der Glaube entsteht nach Luther nicht im wohlriechenden Nebel des Weihrauchs oder im Kniefall vor Statuen und Bildern. Der Ikonoklasmus hat eine lange Geschichte in der christlichen Kirche, wie auch in Islam und Judentum. Luthers Eigenständigkeit liegt jedoch in der These, der dem Bilderdienst entsagende Mensch müsse sich den Glaubensfragen allein und ohne Hilfe stellen, nicht als Mitglied einer Gemeinschaft. Er vertritt eine Theologie des Individuums.

Das protestantische Individuum mußte seine Lebensgeschichte so formen, daß sie ein sinnvolles, würdiges Ganzes ergab. Der einzelne wird nun ethisch für seine gelebte Zeit verantwortlich; Picos Reisender soll durch die Erzählung seines Lebens moralisch beurteilt werden – bis hin zu den Einzelheiten, wieviel Schlaf sich jemand zugestanden oder wie er seinen Kindern das Sprechen beigebracht hat. Wir können nur wenig von dem kontrollieren, was innerhalb unserer Lebensgeschichte geschieht, doch Luther besteht darauf, daß wir für das Ganze verantwortlich seien.[10]

In der *Protestantischen Ethik* konzentrierte sich Weber auf einen Aspekt der protestantischen Lehre, der die Verantwortung für die eigene Lebensgeschichte unmöglich machte. Luther hatte erklärt: »Niemand kann der Wahrhaftigkeit seiner Reue sicher sein.«[11] Der Christ ist stets im Zweifel, ob er seine

Lebensgeschichte rechtfertigen könne. In der protestantischen Theologie wird dieser stete Zweifel durch die scheinbar geheimnisvolle Doktrin der Prädestination vermittelt. Calvin erklärt in der *Institutio*, nur Gott wisse, ob eine Seele nach dem Tode gerettet oder verdammt sei; wir dürften uns keine Vorwegnahme der göttlichen Vorsehung anmaßen. Von ihrer Sündenlast gebeugt, leben die Menschen somit in permanenter Unsicherheit, sie können nicht wissen, ob ihr Leben zu ewigen Höllenqualen führen wird. Dies ist das unglückliche Los der Protestanten, sie müssen sich ihren moralischen Rang verdienen, können aber niemals zuversichtlich sagen: »Ich bin gut«, nicht einmal: »Ich habe Gutes getan«; einzig die Aussage: »Ich meine es gut«, ist erlaubt. Calvins Gott antwortet: »Mühe dich stärker. Was immer ist, ist nicht gut genug.«

Erneut droht dies zum Selbstmordrezept zu werden. Doch dem Protestanten wird statt des Balsams der Rituale eine bitterere Medizin angeboten: unbarmherzige, auf die Zukunft ausgerichtete Arbeit. Die eigene Lebensgeschichte mittels harter Arbeit zu organisieren, kann als kleines Licht in der Dunkelheit dienen, ein »Zeichen der Gnadenwahl«, daß man zu den vor der Hölle Erretteten zählen könnte. Dennoch, im Gegensatz zu den guten Werken des Katholizismus konnte auch die harte Arbeit des Protestanten seinen Schöpfer nicht geneigter stimmen; Arbeit ist für den himmlischen Richter, der jeden Fall bereits im voraus entschieden hat, höchstens ein Zeichen guten Willens.

Dies ist der Schrecken, der sich hinter dem abstrakten Konzept der »weltlichen Askese« verbirgt. Nach Webers Ansicht vererbte der Protestant dem Kapitalisten den Willen, als Akt der Selbstdisziplin und Selbstverleugnung lieber zu sparen als zu genießen. Derselbe Übergang gebar eine neue kulturelle

Figur. Es ist der getriebene Mensch, der seinen moralischen Wert durch die Arbeit zu beweisen sucht.

Als frühes Beispiel einer solchen weltlichen Askese führte Weber eine amerikanische Ikone an. Benjamin Franklin, der geistvolle und weltläufige Diplomat, Erfinder und Staatsmann, erscheint bei Weber unter seinem liebenswürdigen Äußeren als genußfeindlicher und arbeitsbesessener Mensch; ein Franklin, der jeden Augenblick aufrechnet, als wäre er Geld, und sich ständig ein Glas Bier oder eine Pfeife versagt, wobei ihm jeder gesparte Penny zum kleinen Tugendbeweis wird. Doch der Selbstzweifel bleibt, so eifrig ein Mann oder eine Frau auch die Arbeitsethik praktizieren mag. Franklin leidet beständig unter der Furcht, nicht gut genug zu sein, doch keine Leistung scheint je genug; in diesem Weltbild gibt es keine Vollendung.

Der getriebene Mensch paßt nicht in die alten katholischen Bilder der Laster des Reichtums wie Völlerei oder Genußsucht; er konkurriert ständig mit anderen, kann aber seinen Gewinn nicht genießen. Die Lebensgeschichte des getriebenen Menschen wird eine endlose Suche nach Anerkennung durch andere und nach Selbstachtung. Aber selbst wenn andere ihn für seine weltliche Askese loben, fürchtet er, dieses Lob zu akzeptieren, denn dies würde eine Akzeptanz seiner selbst bedeuten. Alles Gegenwärtige wird als Mittel zu einem fernen Zweck gebraucht, nichts Jetziges ist in sich wichtig. Dies wurde in der säkularen Gesellschaft aus der Theologie des Individuums.

Als Studie zur Wirtschaftsgeschichte steckt die *Protestantische Ethik und der Geist des Kapitalismus* voller Irrtümer. Als ökonomische Analyse umgeht sie seltsamerweise jede Betrachtung des Konsums als treibender Kraft des Kapitalismus. Als Analyse eines charakterlichen Typus sind jedoch sowohl Absicht wie Ausführung schlüssig. Das Arbeitsethos des getriebenen Menschen erscheint Max Weber nicht als Quelle menschlichen Glücks, auch nicht als Grundlage psychischer Stärke. Der getriebene Mensch ist zu sehr unter der Last des Gewichts gebeugt, das er der Arbeit zuzumessen gelernt hat. Disziplin ist ein Akt der Selbstbestrafung, sagt Michel Foucault, und genauso erscheint sie in Webers Darstellung des Arbeitsethos.[12]

Ich habe diese geschichtliche Entwicklung recht detailliert nachgezeichnet, weil der disziplinierte Zeitgebrauch nicht die simple, selbstverständliche Tugend ist, als die er zunächst erscheinen mag. In der Antike war er ein gnadenloser Kampf, in der Renaissance für die an den *Homo faber* Glaubenden ein Rätsel, in der Theologie des Individuums eine Quelle der Selbstbestrafung – wäre eine Schwächung der Arbeitsethik nicht ein zivilisatorischer Gewinn?

Es kommt darauf an, wie das Gewicht erleichtert wird, das auf dem arbeitenden Ich lastet. Moderne Formen des Teamworks sind in vieler Hinsicht der polare Gegensatz zur Arbeitsethik, wie Max Weber sie verstand. Als Ethik der Gruppe statt des Individuums betont das Teamwork gegenseitiges Aufeinandereingehen stärker als den Wert der Einzelperson. Die Zeit der Teams ist flexibel und orientiert sich an spezifischen, kurzfristigen Aufgaben, kaum an der Aufrechnung von Jahrzehnten der Enthaltung und des Wartens. Teamarbeit führt uns jedoch in die Sphäre erniedrigender Oberflächlichkeit, welche die moderne Arbeitswelt überschattet. Tatsächlich verläßt sie das Reich der Tragödie und behandelt menschliche Beziehungen als Farce.

Nehmen wir die Geschichte mit dem Wodka. Während Roses Jahr an der Park Avenue stand ihre Werbeagentur vor einem anscheinend unlösbaren Problem. Da Wodka keinen Eigengeschmack hat, ist es allein Aufgabe des Marketing, den Käufer zu überzeugen, daß ein Wodka besser als der andere sei. Ich muß leider zugeben, daß Rose dieses Problem in der Trout Bar zu ihrem Vorteil nutzte: sie füllte die leeren Flaschen vom russischen Stolitschnaja-Wodka mit einem billigen kanadischen Produkt – »es hat noch keiner den Unterschied gemerkt«, gestand sie mir einmal mit gewissem Stolz.

Während ihrer Zeit in der Agentur kam eine große Alkoholikagesellschaft auf die Idee, das Problem mit enormen Geldsummen anzugehen. Um die richtige Werbeagentur zu finden, veranstaltete sie eine Ausschreibung. Alles war möglich: neue Flaschenformen, russische Phantasienamen, neue und ausgefallene Geschmacksbeimischungen, sogar die Form der Wodkakartons. Die Werbeleute konnten alles zur Diskussion stellen. Bei dieser kleinen Komödie hatte Rose ihre eigene Lösung, die sie, so scheint mir, mit einer gewissen Ironie vorbrachte. Sie wies darauf hin, daß es russische Wodkas mit Honigaroma gebe, die man als Gesundheitsdrinks anpreisen könne. Der Vorschlag fand keinen Anklang.

Was die Komödie für Rose zu einer ernsteren Angelegenheit machte, war die Tatsache, daß sie schon bald nicht mehr zum »inneren Kreis« gehörte, das heißt, sie stand außerhalb des Kommunikationsnetzes aus Informationen und Gerüchten über die Ideen anderer Firmen, aus dem das »Wodkateam« ihrer Agentur praktisch bestand. Die moderne Kommunikationstechnik hat die Zusammenarbeit in mancher Hinsicht beschleunigt, aber in der Medienbranche, zumindest in New York, ist das direkte Gespräch noch immer das wichtigste Übertragungsmittel. Rose nahm nicht an diesem »Buzz« auf Partys, in Clubs und Restaurants außerhalb des Büros teil; wie wir gesehen haben, sprachen ihr Alter und Aussehen gegen sie.

Darüber hinaus lieferte sie jedoch auch Informationen über das wirkliche Trinkverhalten in Bars, die den Leuten in der Agentur unbekannt waren; so wußte sie beispielsweise, daß Wodka gern von heimlichen Alkoholikern getrunken wird, weil sie glauben, es sei ihnen bei diesem Getränk nicht anzumerken, daß sie getrunken haben. Ihre Kollegen reagierten, als wäre dies eine private Erkenntnis, die ihre Überlegungen auf den Konferenzen nur störte. Bei Teamarbeit dieser immateriellen Art, wo gemeinsam an einem Image gearbeitet wird, ist der Akt der Kommunikation wichtiger als die dabei mitgeteilten Fakten. Damit er stattfinden kann, muß das Spielfeld offen und für alle zugänglich sein. Sobald dies der Fall ist, wird die Teilnahme an neuen Ideen, Gerüchten und Spekulationen, die wenig mehr als Klatsch sind, zum Inhalt der Zusammenarbeit. Was man über die Konkurrenz hört, verleiht den Mitteilungen Energie, harte Tatsachen schwächen die Energie des Austauschs. Tatsächlich neigt diese Art des Informationsaustauschs dazu, sich selbst zu erschöpfen; Diskussionen über einen russischen Namen dauerten nur so lange, bis alle ihre Meinung gesagt hatten und alle Gerüchte über die Konkurrenz bekannt waren, dann begann das Spekulieren über achteckige Wodkakartons.

Die greifbarste Tatsache bei dieser Gruppenanstrengung war, daß die Agentur den Vertrag nicht bekam. Rose erwartete, daß nun eine Phase gegenseitiger Vorwürfe und Kritik des Teams folgen würde, da die finanziellen Folgen für die Agentur durchaus schwerwiegend waren. Außerdem erwartete sie, sagte sie mir, daß Betroffenheit und Enttäuschung eintreten würden, womit sie meinte, daß diese gestreßten Werbeleute sich aus dem Verlust wirklich etwas machen würden. Als Gruppe reagierten sie aber anders, mit mehr Selbstschutz. Es gab ebensowenig gegenseitige Vorwürfe wie den Versuch, sich zu rechtfertigen. Dafür war einfach keine Zeit. Nach ein paar Tagen war das Wodkateam in unveränderter Zusammensetzung einem anderen Projekt zugeordnet worden.

Ein Spezialist für Gruppenverhalten hätte das voraussagen können. Gruppen neigen dazu, zusammenzuhalten, indem sie sich auf die Oberfläche beschränken; geteilte Oberflächlichkeit hält Leute durch die Vermeidung schwieriger, umstrittener und persönlicher Fragen zusammen. Teamarbeit scheint daher nur ein weiteres Beispiel für die Bindungen der Gruppenkonformität zu sein. Doch das Ethos von Kommunikation und Informationsteilung gibt der Konformität eine besondere Wendung: die Betonung von Flexibilität und Offenheit für Veränderungen ließ die Mitglieder des Teams auf die leisesten Gerüchte oder Vorschläge anderer Leute aus dem Party-Büro-Lunch-Club-Netzwerk reagieren. Wie bereits erwähnt, sind New Yorker Werbeleute keine Konformisten der verkniffenen und zugeknöpften Art. In der alten Arbeitskultur war der Konformist eine nur allzu vorhersehbare und verläßliche Figur – man kannte jede seiner Reaktionen im voraus. In der neuen flexiblen Kultur von Image und Information treten Vorhersagbarkeit und Verläßlichkeit als Charakterzüge weniger hervor. Man hat hier keinen festen Boden unter den Füßen, genausowenig, wie sich eine endgültige Antwort auf das unlösbare Problem des Wodkas finden läßt.

Roses Diktum, daß nichts an einem »hängen« bleiben darf, bezog sich in diesem Fall auf spezifische Weise auf den Leiter des Wodkateams. Er hatte sich während der ganzen Kampagne eher als Gleicher unter Gleichen denn als Chef benommen; im Managementjargon ist es seine Aufgabe, die Arbeit der Gruppe zu »moderieren« und zwischen Team und Kunde zu »vermitteln«. Er managt sozusagen einen fließenden Prozeß. Seine Aufgabe, Moderation und Vermittlung, läßt sich bei ausreichendem Geschick vom Ergebnis trennen. Das Wort »Leiter« bezieht sich darum nicht im traditionellen Sinne einer Autorität auf ihn. Außerdem sind Moderation und Vermittlung kaum die grimmigen, entschlossenen Willensakte des antiken Freibauern im Kampf mit der Natur.

Was ich beschrieben habe, scheint kaum den Namen »Arbeitsethos« zu verdienen, und für Rose war es tatsächlich ein Schock, in dieses Unternehmensmilieu überzuwechseln. Bei ihrer Arbeit in der Trout Bar praktizierte sie etwas, was der alten Arbeitsethik ähnelte; die unmittelbaren Aufgaben, für ausreichende Lieferungen zu sorgen und Hamburger und Drinks zu servieren, verschafften ihr vielleicht wenig tiefere Befriedigung, aber sie arbeitete für die Zukunft – um genug Geld für die Collegebildung ihrer Töchter anzusammeln und um ein Lokal aufzubauen, das sie später verkaufen konnte, um sich mit dem Erlös zur Ruhe zu setzen. Selbstverleugnung war sie gewohnt – bis zu dem Augenblick, als sie vielleicht fälschlich beschloß, sie könne nicht länger warten, könne mehr aus ihrem Leben machen, sich auf eine Picosche Reise begeben.

Webers weltliche Askese verwirklichte, wie wir gesehen haben, Luthers Theologie des Individuums in einer säkularen Welt. Das Individuum ringt darum, sich durch harte Arbeit selbst unter Kontrolle zu bringen. In der klassischen Arbeitsethik gehen Macht und Autorität ineinander über: der getriebene Mensch versucht sich selbst zu *rechtfertigen*. In der Werbeagentur fand Rose eine andere Arbeitsethik, die einem völlig auf die Gegenwart, ihre Bilder und Oberflächen orientierten Unternehmen entsprach. In dieser Welt waren die Kategorien des Arbeitsethos scheinbar eher kollektiv als individuell, und man könnte sagen, auch weicher und toleranter.

Aber natürlich gibt es auch in Teams Machtspiele. Allerdings verändert die Betonung »weicher« Fähigkeiten der Kommunikation, der Moderation und Vermittlung einen Aspekt der Macht: die Autorität verschwindet. Autorität der Art, die verkündet: Dies ist der Weg! So wird's gemacht! Oder auch: Gehorcht mir, denn ich weiß, wovon ich spreche! Das Schwinden der Autorität aus dem Teamwork geschieht in ganz spezifischen und greifbaren Formen.

Die Teamarbeit wurde in der modernen amerikanischen Managementpraxis durch den »SCANS-Report« von 1991 quasi offiziell sanktioniert, eine von der Arbeitsministerin Elizabeth Dole in Auftrag gegebene Studie, die sich mit den in einer flexiblen Wirtschaft notwendigen Qualifikationen beschäftigte. Wie zu erwarten, mißt der Report grundlegenden sprachlichen und mathematischen Fähigkeiten große Bedeutung bei, ebenso der Technologiebeherrschung. Das Überraschende ist, daß Dole und ihre Kollegen, die nicht gerade für verträumte Sentimentalität bekannt sind, soviel Gewicht auf gutes Zuhören, auf die Anleitung anderer und die Kunst der Gruppenleitung legten.[13]

Das SCANS-Bild eines Teams ist eine Gruppe von Menschen, die sich versammeln, um spezielle, unmittelbare Aufgaben auszuführen, statt wie in einem Dorf zusammenzuleben. Die Autoren behaupten, daß ein Arbeitnehmer bei kurzfristigen Aufgaben die Fähigkeit zur guten Zusammenarbeit mit einem wechselnden Ensemble von Personen besitzen muß. Das bedeutet, die zur Arbeit benötigten sozialen Fähigkeiten müssen *tragbar* sein: man hört geduldig zu, hilft anderen, übernimmt die Leitung, während man von Team zu Team wechselt oder die Zusammensetzung der Teams sich ändert – ganz als bewege man sich auf einem Computermonitor von Fenster zu Fenster. Auch Distanz wird vom guten Teamarbeiter erwartet: er sollte fähig sein, von etablierten Beziehungen abzurücken und zu beurteilen, wie sie sich verändern lassen; man muß sich der vorliegenden Aufgabe anpassen, statt in lange Vorgeschichten von Intrigen, Verrat und Eifersucht einzutauchen.

Die Realitäten der Teamarbeit treten sprachlich in der irreführenden Sportmetapher zutage, die den gesamten Report durchzieht: im flexiblen Berufsalltag erfinden die »Spieler« bei der Lösung ihrer Aufgaben die Regeln selbst. Die SCANS-Autoren unterstreichen beispielsweise die Kunst des Zuhörens, weil sie meinen, es sei spontaner und freier, die Dinge durchzusprechen, als die schriftlichen Regeln eines Leitfadens zu befolgen. Und Bürosport unterscheidet sich von anderen Sportarten dadurch, daß die Spieler bei der Arbeit nicht auf dieselbe Art Punkte sammeln. Nur das laufende Spiel zählt. SCANS betont, vergangene Leistungen schüfen keinen Anspruch auf gegenwärtigen Lohn; bei jedem Büro»spiel« fängt man wieder von vorn an. Auch so läßt sich ausdrücken, daß Dienstalter in der modernen Arbeitswelt immer weniger zählt.

Die Autoren von SCANS und ähnlichen Studien sind Realisten. Sie wissen, wie sehr die heutige Wirtschaft auf unmittelbare Leistung und kurzfristige, auf die Bilanz durchschlagende Resultate abgestellt ist. Doch moderne Manager wissen auch, daß individuelle Konkurrenz, ein »Jeder gegen jeden«, die Leistung einer Gruppe ruinieren kann. So wird in der modernen Teamarbeit eine Fiktion geschaffen: die Angestellten konkurrieren nicht wirklich miteinander. Und wichtiger noch, es entsteht die Fiktion, Arbeitnehmer und Vorgesetzte seien keine Gegenspieler; der Chef moderiert statt dessen den Gruppenprozeß. Das Machtspiel wird vom Team gegen die Teams anderer Firmen gespielt.

Der Anthropologe Charles Darrah hat Arbeiter beim Training »sozialer Fähigkeiten« in zwei High-Tech-Fabriken beobachtet. Seine Analyse ist voll der köstlichen Ironien, welche die Wirklichkeit in die Theorie trägt; so hatten bei der einen Firma zum Beispiel »die vietnamesischen Arbeiter, die etwa 40% der Arbeitskräfte ausmachten, besondere Angst vor der Teamarbeit, die sie mit kommunistischen Arbeitsbrigaden verglichen«.[14] Die Einübung solch geselliger Tugenden wie des Informationsaustauschs stellte sich als keineswegs einfach heraus. Arbeiter mit höherem Status hatten Angst, neuen Arbeitern oder solchen mit niedrigem Status ihre eigenen Kenntnisse beizubringen; die älteren Arbeiter wären dadurch ersetzbar geworden.

Die »tragbaren« Fähigkeiten der Teamarbeit wurden neuen Arbeitern durch Rollenspiele vermittelt, damit sie lernten, wie sie sich in den verschiedenen Arbeitssituationen zu verhalten hätten. In einem von Darrahs Betrieben »wurde den Arbeitern gesagt, jedes Team solle als eigene Firma handeln, deren Chefs sie seien«.[15] Die meisten fanden das etwas seltsam, da die Firma dafür bekannt war, ihre vietnamesischen

Fabrikarbeiter mit wenig Respekt zu behandeln, doch den neuen Angestellten, die mitspielten, wurde bescheinigt, sie hätten das Training sozialer Fähigkeiten mit Erfolg absolviert. Die Zeit, die für diese Sitzungen zur Verfügung stand, war knapp, ein paar Tage, manchmal nur wenige Stunden. Diese Kürze spiegelte die Realität, welcher die Arbeiter bei der flexiblen Arbeit gegenüberstehen würden und die von ihnen ein rasches Verständnis neuer Situationen und neuer Menschen forderte. Das Publikum sind natürlich die Manager, die der Neueingestellte beeindrucken will. Die Kunst der Verstellung bei der Teamarbeit besteht darin, sich zu benehmen, als wende man sich an andere Angestellte, als wäre der Chef gar nicht da.

Als die Soziologin Laurie Graham in einem Werk von Subaru-Isuzu am Fließband arbeitete, bemerkte sie, daß »die Team-Metapher auf allen Ebenen des Unternehmens benutzt wurde«, wobei das höchste Team der Vorstand war. Die Analogie zum Sport war allgegenwärtig, einem Firmendokument zufolge waren Teamleiter »hochqualifizierte Kollegen, wie die Kapitäne von Baseballteams«. Das Teamkonzept wurde als Förderung der individuellen Fähigkeiten der Arbeiter gepriesen und zur Rechtfertigung der flexiblen Arbeit benutzt. Die Firma erklärte: »Alle Kollegen werden zur Übernahme verschiedener Funktionen ausgebildet. Dies erhöht ihren Wert für das Team und für [Subaru-Isuzu]« und, unausgesprochen, ihr eigenes Selbstwertgefühl.[16] Laurie Graham fand sich in eine »Kultur der Kooperation durch egalitäre Symbole« versetzt.[17]

Der Soziologe Gideon Kunda nennt solche Teamarbeit eine Art »durchgehaltene Schauspielerei«, da es die Individuen zwingt, ihr Auftreten und ihr Verhalten anderen gegenüber zu manipulieren.[18] »Wie interessant.« – »Was Sie sagen, ist sehr wertvoll.« – »Wie können wir das noch besser machen?« Dies sind die Masken der Kooperation. Die erfolgreichen Spieler in Darrahs Trainingsgruppen benahmen sich allerdings so nur, wenn die Chefs zusahen. »Hinter der Bühne« ging es anders zu.

Der Soziologe Robin Leidner hat die schriftlichen Anleitungen analysiert, die Angestellten von Dienstleistungsunternehmen an die Hand gegeben werden; diese Verhaltensmaßregeln versuchen eher, den Angestellten auf »Freundlichkeit« zu trimmen, als ihn dazu zu bringen, wirklich auf die Anliegen der Kunden einzugehen. In einer Arbeitswelt voller Drehtüren sind die Masken der Kooperativität nahezu der einzige Besitz, den ein Arbeitnehmer von Aufgabe zu Aufgabe, Firma zu Firma mitnimmt – diese Fenster der sozialen Fähigkeiten, deren »Hypertext« ein gewinnendes Lächeln ist. Auch wenn dieses Sozialtraining nur Theater ist, geht es dabei doch ums pure Überleben. Mit Bezug auf Leute, die nicht schnell genug die Masken der Kooperativität entwickeln, sagte ein Trainingsleiter zu Darrah: »Die meisten von denen werden Straßenfeger.«[19] Und innerhalb des Teams stärken die Fiktionen, welche individuellen Machtkampf und Konflikte leugnen, die Position derer an der Spitze.

Laurie Graham fand die Menschen durch die Oberflächlichkeit der Teamworkfiktionen auf besondere Weise unterdrückt. An die Stelle des Zwangs von oben, die Autos möglichst schnell über das Fließband zu bewegen, trat nun der Druck durch andere Arbeiter; die Fiktion der kooperierenden Angestellten diente dem gnadenlosen Streben des Unternehmens nach immer größerer Produktivität. Nach einer enthusiastischen Anfangsphase sagte ein Kollege zu ihr: »Ich dachte, hier wär's anders, mit dem Teamkonzept und so weiter, aber das Management versucht bloß, soviel wie möglich aus den Leuten rauszuholen.« Die verschiedenen Arbeitsgruppen waren kollektiv für die Arbeitsleistung ihrer Mitglieder verantwortlich, und die Teams kritisierten einander. Ein von Graham interviewter Arbeiter sagte, ein Teamleiter »kam zu mir rüber und hielt mir einen kurzen Vortrag, daß wir am besten als Team arbeiten, wenn wir den Fehler eines anderen sofort melden, bevor er das Fließband durcheinanderbringt«. Die Arbeiter hielten einander auch direkt ihre Fehler vor. Sie wurden dazu bei Meetings angehalten, die einer Gruppentherapie ähnelten – einer Therapie im Interesse der Bilanz.[20] Aber die Belohnung für den einzelnen ist die Reintegration in die Gruppe.

Die Fiktion, daß Arbeiter und Management ein Team bildeten, war für Subaru-Isuzu auch bei seinen Beziehungen zur Außenwelt nützlich. Subaru-Isuzu benutzt diese Gemeinschaftsfiktion, um seinen erbitterten Widerstand gegen Gewerkschaften zu rechtfertigen; sie trägt auch dazu bei, die Tatsache zu legitimieren, daß eine japanische Firma in Amerika Profite erzielt und diese nach Hause schickt. Dieses Unternehmen stellt insofern einen Extremfall dar, als japanische Firmen die Teamarbeit auf die Spitze treiben. Es zeigt jedoch wie unter der Lupe den Einsatz von Teamarbeit in flexiblen Institutionen. »Diesen Maßnahmen ist gemeinsam«, glauben die Arbeitsforscherinnen Eileen Applebaum und Rosemary Batt, »daß sie weder das grundsätzliche Wesen des Produktionssystems verändern noch die Organisation der betrieblichen Machtstruktur bedrohen.«[21]

Am wichtigsten ist in dieser Hinsicht die Tatsache, daß Manager sich an das Patentrezept, alle bildeten dasselbe Team und erfüllten die vorliegende Aufgabe gemeinsam, klammern, um nicht intern angegriffen zu werden. Wenn Michael Hammer und James Champy darauf drängen, Manager »sollten sich nicht mehr wie Vorgesetzte, sondern wie Trainer verhalten«, tun sie dies im Interesse der Firma und ihrer Eigner, nicht der Angestellten.[22] Der Chef weicht der Verantwortung für sein Handeln aus; alles lastet auf den Schultern der Spieler.

Theoretischer formuliert, zeigt sich in den oberflächlichen Szenen des Teamworks zwar Macht, aber keine Autorität. Eine Autoritätsfigur ist jemand, der für seine oder ihre Macht Verantwortung übernimmt. In der Arbeitshierarchie alten Stils konnte der Chef dies tun, indem er offen erklärte, ich habe die Macht, ich weiß, was das Beste ist, gehorcht mir. Moderne Managementtechniken suchen dem »autoritären« Aspekt solcher Erklärungen zu entkommen, aber es gelingt dem Management dabei zugleich, nicht mehr für seine Handlungen verantwortlich gemacht zu werden. »Die Leute müssen lernen, daß wir alle auf die eine oder andere Art zu ersetzen sind«, sagte ein Manager bei A.T. T. kürzlich während einer Entlassungswelle, »wir sind alle Opfer von Zeit und Ort.«[23] Wenn die Verantwortung beim »Wandel« liegt, wenn jeder ein »Opfer« ist, verschwindet die Autorität, denn niemand kann verantwortlich gemacht werden – gewiß nicht dieser Manager für seine Entlassungen. Statt dessen soll der Druck der Kollegen die Arbeit des Managers tun.

Das Zurückweisen von Autorität und Verantwortlichkeit in den oberflächlichen Formen der flexiblen Teamarbeit strukturiert den Arbeitsalltag ebenso wie die Krisenmomente eines Streiks oder einer Personaleinsparung. Über diese alltägliche Ablehnung der Autorität durch die Machthabenden hat der Soziologe Harley Shaiken hervorragende Feldstudien getrieben, und was ein Arbeiter in einem »gemischten Team« aus Büro- und Fabrikarbeitern Shaiken über das Abstreifen der Verantwortung erzählte, lohnt ein längeres Zitat:

> Eigentlich bedient man die Maschine nicht alleine, die wird von drei oder vier Leuten bedient – dem Ingenieur, dem Programmierer, dem Typ, der sie installiert hat, und dem Bedienungsmann ... Was dabei passiert, ist, daß es sehr schwer wird, mit den anderen richtig zu reden. Sie wollen nichts hören. Sie haben die ganze Ausbildung, die Diplome. Sie wollen von dir nicht hören, daß irgendwas schiefgegangen ist. Du bist ganz allein dran schuld. Wenn *die* was falsch gemacht haben, geben sie's ganz bestimmt nicht zu ... Wenn ich rauskriege, wie man was verbessern kann, ohne daß es jemand merkt, erzähl ich's keinem. Schließlich fragt mich ja auch nie jemand.[24]

Der schwedische Soziologe Malin Åkerström schließt aus solchen Erfahrungen, daß Neutralität eine Form von Verrat darstellen kann. Die Abwesenheit wirklicher Menschen, die sagen: »Ich sage dir, was du zu tun hast«, oder im Extremfall »Dich mach ich fertig«, ist mehr als ein defensiver Akt innerhalb des Unternehmens; dieses Fehlen von Autorität gibt den Oberen die Freiheit umzuschichten, anzupassen oder zu reorganisieren, ohne sich oder ihr Handeln zu rechtfertigen. Mit anderen Worten, es erlaubt die Freiheit des Augenblicks, einen nur auf die Gegenwart gerichteten Blick. Die Verantwortung trägt der Wandel, aber der Wandel ist keine Person.

»Zeit Light« bedeutet Zeit ohne Autorität. Wenn sie aber durch Teamarbeit organisiert ist, ist es eine machtgeprägte

Zeit. Im Werk von Subaru-Isuzu, wo die Manager die Sportmetapher benutzten und sich Trainer nannten, fand Laurie Graham heraus, daß es für einen Arbeiter schwer, wenn nicht verhängnisvoll war, mit einem Vorgesetzten-Trainer auf einer anderen Ebene als der Teamkooperation direkt über Probleme zu reden; offene Forderungen nach höherer Bezahlung oder weniger Druck zur Produktivitätssteigerung wurden als mangelnde Kooperationsbereitschaft des Angestellten gewertet. Die Fiktionen der Teamarbeit sind also durch ihren oberflächlichen Inhalt, die Konzentration auf den Augenblick, ihre Vermeidung von Widerstand und die Ablenkung von Konflikten der Machtausübung ausgesprochen nützlich. Tieferes Engagement, Loyalität und Vertrauen brauchen mehr Zeit – aber genau aus diesem Grund sind sie auch nicht so leicht formbar. Der Manager, der sagt: »Wir sind alle Opfer von Zeit und Ort«, ist vielleicht die gerissenste Gestalt in diesem Buch. Er hat die Kunst gemeistert, Macht auszuüben, ohne Verantwortung zu tragen.

Die Oberflächlichkeit der Teamarbeit scheint offensichtlich, hat aber einen tieferen Aspekt. Sie verwirklicht eine ironische Sicht des Ich. Richard Rorty schreibt über die Ironie, sie sei eine geistige Verfassung, in der Menschen »nie ganz dazu in der Lage [sind], sich selbst ernst zu nehmen, weil immer dessen gewahr, daß die Begriffe, in denen sie sich selbst beschreiben, Veränderungen unterliegen, immer im Bewußtsein der Kontingenz und Hinfälligkeit ihrer abschließenden Vokabulare, also auch ihres eigenen Selbst«.[25] Ein ironisches Selbstbild ist die logische Konsequenz des Lebens in der flexiblen Zeit. Rorty versteht jedoch, daß die Gesellschaft nicht von Ironie zusammengehalten werden kann; er schreibt über die Erziehung: »Ich kann mir keine Kultur vorstellen, die ihre

Jugend so sozialisierte, die diese Jugend ständig an ihrem eigenen Sozialisationsprozeß zweifelte.«[26] Ebensowenig stimuliert Ironie die Menschen, ihre Arbeits- und Lebensbedingungen in Frage zu stellen; er sagt, diese Auffassung des Ich mache einen nicht fähiger, »die Mächte zu besiegen, die gegen uns angetreten sind«.[27]

Das Ethos der Teamarbeit mit seinen inneren Aufhebungen und Ironien entfernt uns weit vom moralischen Universum des verbissenen, heroischen Bauern bei Vergil. Und die in der Teamarbeit enthaltenen Machtbeziehungen, einer ohne den Anspruch der Autorität ausgeübten Macht, sind weit von der Ethik der Eigenverantwortlichkeit entfernt, welche das alte Arbeitsethos mit seiner todernsten weltlichen Askese kennzeichnete. Die klassische Arbeitsethik der aufgeschobenen Belohnung und Selbstbestätigung durch harte Arbeit verdient kaum unsere Zuneigung. Aber mit seinen Fiktionen und seiner vorgetäuschten Gemeinschaft kann das Teamwork kaum als Verbesserung gelten.

Weder die alte noch die neue Arbeitsethik liefert eine zureichende Antwort auf Pico della Mirandolas Frage: »Was soll ich mit mir tun? Wie soll ich mein Leben gestalten?« Picos Frage spitzt tatsächlich all die Aspekte zu, die wir in bezug auf Zeit und Ich unter dem neuen Kapitalismus betrachtet haben.

Die Kultur der neuen Ordnung stört die Selbstorganisation empfindlich. Sie kann die flexible Erfahrung von einer statischen persönlichen Ethik abtrennen, wie bei Rico. Sie kann einfache, oberflächliche Arbeit von Verständnis und Engagement abtrennen, wie bei den Bäckern in Boston. Sie kann das ständige Eingehen von Risiken zur deprimierenden Erfahrung machen, wie bei Rose. Sich irreversiblem Wandel und einer vielgestaltigen, fragmentierten Aktivität zu verschreiben, mag für die Herren des neuen Regimes, die den Hof von Davos bevölkern, angenehm sein, aber für deren Diener ist es desorientierend. Und das neue kooperative Ethos der Teamarbeit setzt an die Stelle der Herren jene »Moderatoren« und »Process-Manager«, die der ehrlichen Auseinandersetzung mit ihren Dienern aus dem Wege gehen.

Indem ich dieses Bild von Zeit und Ich zeichne, bin ich mir des Risikos bewußt, daß es trotz aller Einschränkungen als Kontrast zwischen einer besseren Vergangenheit und einer schlechteren Gegenwart erscheinen könnte. Niemand von uns wünscht sich, in die Sicherheit der Generation Enricos oder der griechischen Bäcker zurückzukehren. Ihr Weltbild war klaustrophobisch, ihre Kategorien der Selbstorganisation starr. Auf lange Sicht gesehen hat die Schaffung persönlicher Sicherheit zwar einem tiefgehenden praktischen wie psychischen Bedürfnis im modernen Kapitalismus entsprochen, aber auch einen hohen Preis gefordert. Eine abstumpfende Politik des Dienstalters und der Betriebszugehörigkeit beherrschte die gewerkschaftlich organisierten Arbeiter im Werk Willow Run; die Fortsetzung einer solchen Geisteshaltung wäre auf den heutigen Märkten und in den flexiblen Netzwerken ein selbstmörderisches Rezept. Die Probleme, vor denen wir stehen, müssen wir heute und für heute angehen.

Kapitel 7

Scheitern

Das Scheitern ist das große moderne Tabu. Es gibt jede Menge populärer Sachbücher über den Weg zum Erfolg, aber kaum eines zum Umgang mit dem Scheitern. Wie wir mit dem Scheitern zurechtkommen, wie wir ihm Gestalt und einen Platz in unserem Leben geben, mag uns innerlich verfolgen, aber wir diskutieren es selten mit anderen. Statt dessen flüchten wir uns in die Sicherheit des Klischees. Die Vertreter der Armen tun dies, wenn sie an die Stelle der Wörter: »Ich bin gescheitert« das angeblich heilende: »Nein, das bist du nicht, du bist ein Opfer« setzen. Wie bei allem, das man sich auszusprechen weigert, werden sowohl die innere Besessenheit als auch die Scham dadurch nur größer. Unbehandelt bleibt der harte innere Satz: »Ich bin nicht gut genug.«

Das Scheitern ist nicht länger nur eine Aussicht der sehr Armen und Unterprivilegierten; es ist zu einem häufigen Phänomen im Leben auch der Mittelschicht geworden. Die schrumpfende Größe der Elite macht die Lebensleistung immer schwieriger. Der Markt, auf dem der Gewinner alles bekommt, wird von einer Konkurrenz beherrscht, die eine große Zahl von Verlierern erzwingt. Betriebsverschlankungen und Umstrukturierungen setzen die Mittelschicht plötzlichen Katastrophen aus, die im früheren Kapitalismus sehr viel stärker auf die Arbeiterklasse begrenzt waren. Kommt man aber den Forderungen nach Flexibilität und Mobilität nach, verfolgt einen auf subtilere, aber ebenso mächtige Weise das Gefühl, als Familienvater oder -mutter zu scheitern. Dafür ist Rico ein Beispiel.

Der Gegensatz von Erfolg und Scheitern ist eine Art, sich der Auseinandersetzung mit dem Scheitern zu entziehen. Diese einfache Entgegensetzung bedeutet, daß wir, wenn wir nur genug materielle Nachweise unserer Leistung anhäufen, von Gefühlen des Versagens verschont bleiben – was auf Rico nicht zutraf und allgemeiner schon nicht auf Max Webers getriebenen Menschen, der nie das Gefühl hatte, genug zu haben. Einer der Gründe, warum es schwer ist, Versagensgefühle durch Dollars zu beschwichtigen, ist die Tatsache, daß das Gefühl, gescheitert zu sein, aus tieferen Motiven aufsteigen kann – zum Beispiel, weil es einem nicht gelingt, das eigene Leben vor dem Auseinanderfallen zu bewahren, etwas Wertvolles in sich selbst zu entdecken, zu leben, statt einfach nur zu existieren. Das Scheitern kann eintreten, wenn Picos Reise ziel- und endlos wird.

Am Vorabend des Ersten Weltkrieges veröffentlichte der Journalist Walter Lippmann, der unglücklich darüber war, daß seine Zeitgenossen Erfolg nur in Dollars maßen, ein zorniges Buch, das sich mit ihrem unruhigen Leben befaßte und den Titel *Drift and Mastery* trug. Darin versuchte er, die rein materielle Bemessung von Erfolg und Scheitern in persönlichere Erfahrungen der Zeit umzuwandeln. Er setzte die driftende, erratische Lebenserfahrung in Gegensatz zu einer Beherrschung der Lebensereignisse. Er war indessen alles andere als gleichgültig gegenüber den materiellen Realitäten, die das Leben der Menschen aus der Bahn werfen konnten.

Lippmann lebte in einer Ära, als die großen Industriekonzerne Amerikas und Europas sich konsolidierten. Jeder kennt die Übel des Kapitalismus, sagte Lippmann: den Untergang der kleinen Firmen, das Ende einer Regierung im Namen des öffentlichen Interesses, das Elend der Arbeiterklasse. Das Problem der Reformbestrebungen seiner Zeit, sagte Lippmann, war, daß »ihre Vertreter wußten, wogegen sie waren, aber nicht, wofür sie waren«.[1] Die Menschen litten; sie klagten und protestierten. Aber weder das marxistische Programm noch eine Renaissance individuellen Unternehmertums bot ein aussichtsreiches Rezept. Die Marxisten setzten auf eine massive soziale Explosion, die Vertreter des freien Unternehmertums forderten noch mehr Freiheit – keins von beiden war ein Rezept für eine alternative Ordnung. Lippmann indessen hatte keinen Zweifel, was zu tun sei.

Mit dem Blick auf die entschlossenen, hart arbeitenden Immigranten, die zu seiner Zeit nach Amerika hereinströmten, erklärte er in einem einprägsamen Satz: »Wir sind alle Immigranten.«[2] Was konnte die Menschen leiten, die von den Gewißheiten der Vergangenheit und ihrer Herkunft abgeschnitten waren, was konnte sie durch das gefährliche Territorium des Kapitalismus führen? Für Lippmann war dies die »Karriere«. Aus seiner Arbeit – und sei sie noch so bescheiden – keine Karriere zu machen, hieß, sich der Ziellosigkeit auszusetzen, die das tiefste Gefühl der Unzulänglichkeit heraufbeschwor – das Versagen, um es modern auszudrücken, etwas aus seinem Leben zu machen.

Obwohl wir heute einen anderen Begriff von einer Karriere haben, war eines ihrer Elemente – der Besitz einer Ausbildung – nicht auf den akademischen oder auch nur bürgerlichen Rahmen beschränkt. Der Historiker Edward Thompson verweist darauf, daß im 19. Jahrhundert selbst die einfachsten Arbeiter, ob sie nun in unsicherer Stellung, arbeitslos oder mit Gelegenheitsjobs beschäftigt waren, immer versuchten, sich als Weber, Schlosser, Schmiede oder Farmarbeiter zu definieren.[3] Status in dieser Hinsicht beruhte darauf, nicht nur einfach zwei tüchtige Hände zu haben, sondern auch eine Berufsbezeichnung. Arbeiter ebenso wie Bedienstete in viktorianischen Haushalten suchten diesen Status zu sichern, indem sie mit Begriffen wie »Karriere«, »Beruf« oder »Handwerk« sehr viel freier umgingen, als wir es heute für zulässig hielten. Die Sehnsucht nach einem solchen Status war auch unter den Mittelschichtsangestellten der neuen Großfirmen weitverbreitet. Wie der Historiker Olivier Zunz nachgewiesen hat, versuchten Menschen in der Ära Lippmanns zum ersten Mal, ihrer Arbeit mehr Prestige zu geben, indem sie etwa Buchhaltung, Verkauf oder Verwaltung den Tätigkeiten eines Arztes oder Ingenieurs gleichstellten.[4]

Die persönlicheren Eigenschaften der Entschlossenheit und Energie, die schon Hesiod und Vergil beschworen hatten, waren für eine Karriere im Sinne Lippmanns ebenso notwendig. Er sah diese Tugenden wiederum in den hart arbeitenden Immigranten der Lower East Side von New York verkörpert. Lippmann haßte das Vorurteil des sensiblen Ästheten gegen den Kapitalismus, für ihn personifiziert in Henry James, der auf die New Yorker Einwanderer wie auf eine fremde, wenn auch energische Rasse hinabsah, rauh und anarchisch in ihrem Lebenskampf.[5] Für Lippmann war James' Glaube an eine Berufung vor allem durch seinen Reichtum ermöglicht, geerbt von einem Vorfahren, der ihm die Dreckarbeit abgenommen hatte.

Zunächst bedeutete eine Karriere in diesem Sinn die Entschlossenheit, die eigene harte Arbeit in eine lebenslange Erzählung umzugestalten. Karriere war damit ein modernes Wort für den älteren Lebenspfad oder Lebenslauf. In Lippmanns Augen war die Lebenserzählung einer Karriere die Geschichte einer inneren Entwicklung, die sich durch Können und Kampf entfaltete. »Wir müssen uns mit dem Leben bewußt auseinandersetzen, seine soziale Organisation gestalten, seine Werkzeuge verändern, seine Methodik formulieren …«[6] Der Mensch, der eine Karriere verfolgt, definiert für sich langfristige Ziele, Verhaltensmaßregeln im Berufs- und Privatleben und ein Verantwortungsgefühl für sich und sein Verhalten. Aufgrund dieser umfassenden Zielsetzung wird die »Karriere« zu einer moralischen Kategorie. Lippmann hatte sicher nicht die Absicht, das Scheitern zu verharmlosen – im Gegenteil, er erhöhte die Hürden, die man überspringen mußte, um »etwas aus seinem Leben zu machen«.

Ich bezweifle, daß Lippmann Max Weber gelesen hatte, als er *Drift and Mastery* schrieb. Die beiden Autoren hatten aber eine ähnliche Vorstellung von dem, was eine Karriere sein sollte. Webers deutscher Begriff »Beruf« implizierte in noch höherem Sinne, daß man einer Lebenserzählung folgte und daß sich aus ihr eine ethische Einstellung ergab. Für beide war das selbstkritische Streben nach einer Karriere das persönliche Antidotum gegen »Drift«, das ziellose Dahintreiben. »Beherrschung bedeutet«, schrieb Lippmann, »daß man die bewußte Absicht an die Stelle unbewußten Strebens setzt.«[7]

Die Fragen von Erfolg und Scheitern in die Pole von Beherrschung und Drift umzuwandeln ist nicht so abgehoben, wie es auf den ersten Blick erscheinen mag. Der vermittelnde Begriff, Karriere, liefert den Inhalt. Lippmann wußte, daß man professionelle Standards nicht einfach dekretieren konnte, genausowenig wie jede andere Form tugendhaften Verhaltens. Diese Wertvorstellungen mußten verinnerlicht und durchlebt werden, um für die gesellschaftliche Praxis relevant zu sein. Ethos ist nicht nur eine Sache des abstrakten Gesetzes, sondern auch der historischen Erfahrung. Überdies glaubte Lippmanns Generation, sie stünde an der Schwelle eines neuen Zeitalters der Wissenschaft und auch des Kapitalismus. Sie war überzeugt, daß der richtige Gebrauch der Wissenschaft, der technischen Fähigkeiten und allgemeiner des akademischen Wissens Männern und Frauen dabei helfen würde, neue und bessere Karrieren zu machen und damit ihr Leben nachhaltiger zu kontrollieren und zu beherrschen. Mit diesem Rezept persönlicher Kompetenz ähnelte Lippmann anderen Progressiven dieser Zeit in Amerika sowie Fabianern wie Sidney und Beatrice Webb in Großbritannien oder dem jungen Léon Blum in Frankreich und Max Weber in Deutschland.

Lippmanns Rezept hatte auch ein praktisches politisches Ziel. Er beobachtete, daß die Immigranten in New York sich darum bemühten, Englisch zu lernen und sich weiterzubilden, um ihre Karrieren zu beginnen. Aber sie waren gleichzeitig von den höheren Schulen der Stadt ausgeschlossen, die zu der Zeit keine Juden und Schwarzen zuließen und bei Griechen, Italienern und Iren nur widerwillig ab und zu eine Ausnahme machten. Indem er eine stärker karriere-orientierte Gesellschaft forderte, rief er diese Institutionen dazu auf, die Türen zu öffnen – eine amerikanische Version der französischen *carrière ouverte au talent*.

Es ist ein Vergnügen, Lippmann zu lesen. Seine Stimme ist die eines aufrechten Schulmeisters, der zugleich viel Zeit unter Streikposten oder in der Gesellschaft von Männern verbracht hat, deren Sprache er kaum verstehen konnte. Ist sein Glaube an eine Karriere für uns, fast ein Jahrhundert später, noch ein ernstzunehmendes Konzept? Und ist es insbesondere ein Rezept gegen das Scheitern – ein Scheitern von der Art, die aus Ziellosigkeit besteht, ein Scheitern aufgrund der Tatsache, daß man aus seinem Leben nichts macht?

Lippmanns Text drückt sehr energisch seinen Glauben an das Individuum aus. Es ist Picos Traum eines verwirklichten Lebens – aber nun auf den Straßen der Lower East Side von New York. In seinem Buch stellt Lippmann den David persönlichen Willens und Talents gegen den Goliath der kapitalistischen Konzerne. Das unternehmerische Klima des gegenwärtigen Kapitalismus ist ebenso individualistisch wie damals, aber die heutigen materiellen Voraussetzungen scheinen die Hoffnung breiter Massen auf ein sinnvolles Leben in Lippmanns Sinn zu vereiteln. Wir haben heute andere Wirtschafts- und Verwaltungsformen als zu Zeiten Lippmanns und Webers; der Kapitalismus arbeitet jetzt mit anderen Produktionsprinzipien. Die Kurzfristigkeit und die Flexibilität des neuen Kapitalismus scheinen ein Arbeitsleben im Sinne einer Karriere auszuschließen.

Ich hoffe, ich habe vom Temperament des Lippmannschen Werkes genug vermittelt, um deutlich machen zu können, warum er diese düstere Annahme einer Wahrscheinlichkeit des Scheiterns als Wehleidigkeit zurückweisen würde. Er meinte es ernst, wenn er von allen Menschen als »spirituellen Immigranten« sprach. Wie Immigranten müssen wir dem Widerstand der Realität einen Sinn abringen; niemand schenkte den Einwanderern der Lower East Side etwas. Es ist an uns – um ein Bild Henry James' zu gebrauchen –, den Faden im Teppich zu finden, der aus kurzfristiger Arbeit, amorphen Institutionen, oberflächlichen gesellschaftlichen Beziehungen und der ständigen Gefährdung der Arbeitsstelle eine persönliche Karriere zu machen. Gelingt es uns nicht, diesen Bedingungen Kontinuität und Zielbewußtsein abzutrotzen, versagen wir buchstäblich vor uns selbst.

Ich habe oft an Lippmann gedacht, während ich Gespräche mit einer Gruppe von Programmierern mittleren Alters führte, die von IBM bei einer der vielen Umstrukturierungen der Firma entlassen worden waren. Bevor sie ihre Arbeitsstellen verloren, hatten sie – vielleicht ein wenig zu sorglos – fest an die langfristige Entfaltung ihrer Berufskarriere geglaubt. Als Programmierer galten sie eigentlich als die Vorhut einer neuen wissenschaftlichen Berufsgruppe. Nachdem sie entlassen worden waren, mußten sie sich mit verschiedenen Deutungen dessen, was ihr Leben zerstört hatte, auseinandersetzen. Sie waren nicht in der Lage, sofort eine einleuchtende Erzählung zu finden, die ihrem Scheitern einen Sinn geben konnte. Und doch haben sie sich auf eine Weise, die Lippmann vielleicht nicht vorhersehen konnte, davor bewahrt, in ein zielloses Dahintreiben zu verfallen. Sie haben in ihrem Scheitern sogar Erhellendes über ihre Lebensplanung gefunden.

Bis zur Mitte der achtziger Jahre praktizierte IBM einen ausgesprochen paternalistischen Kapitalismus.[8] Der Mann, der für das Wachstum IBMs verantwortlich war, Thomas Watson Sen., führte die Gesellschaft wie ein persönliches Lehen und nannte sich selbst den »moralischen Vater« der Firma. Das alte Firmenlied hatte unter anderem die Zeilen: »With Mr. Watson leading/to greater heights we'll rise/And keep our IBM/respected in all eyes.«[9] Die Gesellschaft war organisiert wie eine Armee, und die Entscheidungen von

Watson Sen. wurden sofort zum Firmengesetz. »Loyalität«, sagte er zum Beispiel, »erspart jedem Angestellten viel Kopfzerbrechen. Er weiß immer, was er zu tun hat.«[10] Institutionell entsprach IBM einem staatseigenen Großbetrieb in Frankreich oder Italien. Die meisten Angestellten konnten mit lebenslanger Beschäftigung rechnen, und zwischen dem Management und der Arbeitervertretung gab es eine Art Sozialkontrakt.

1956 übernahm Thomas Watson Jun. den Vorstandsvorsitz. Er delegierte mehr und hörte aufmerksamer zu, aber der Sozialkontrakt blieb in Kraft. IBM versorgte seine Mitarbeiter mit einer ausgezeichneten Krankenversicherung, mit Ausbildungsbeihilfen und guten Ruhestandsgeldern. Die Firma bot den Familien ihrer Angehörigen auch im Privatleben viele Vorteile: von firmeneigenen Golfplätzen über Kindergärten bis zur Finanzierung von Hypotheken beim Hauskauf. Vor allem aber gab es innerhalb der Gesellschaft eine Karriereleiter, die allen Aufstiegsmöglichkeiten bot, die ihr Leben der Firma widmeten. IBM konnte das leisten, weil das Unternehmen auf seinem Geschäftsgebiet praktisch ein Monopol innehatte.

Aufgrund einer groben Fehleinschätzung des Marktpotentials von Personal Computern in den achtziger Jahren – IBM warf seine dominierende Stellung bei PCs geradezu weg – geriet das Unternehmen in den frühen neunziger Jahren ins Trudeln. Watson Jr. hatte sich zurückgezogen; neue Chefs scheiterten. Allein 1992 verlor IBM 6,6 Milliarden Dollar, während es noch acht Jahre zuvor den größten Firmenprofit der amerikanischen Wirtschaftsgeschichte ausgewiesen hatte. Die schwerfällige Firmenbürokratie erwies sich jetzt, da IBM von Bill Gates' Microsoft ausmanövriert wurde, als verheerend. Außerdem wurde IBM auch von anderen Neuankömmlingen auf dem Markt aus Japan und den USA angegriffen. 1993 begann die Gesellschaft sich unter einem weiteren Vorstandsvorsitzenden, Louis Gerstner, in eine schlanke, kompetitive Firma umzustrukturieren und schaffte einen ebenso dramatischen »Turn-around«. Sie versuchte jetzt, die rigiden hierarchischen Arbeitsstrukturen durch flexiblere Organisationsformen zu ersetzen. Auch die Produktion arbeitete jetzt mit sehr viel größerer Nähe zum Markt.

Die einem Beamtenstatus nahekommende Jobsicherheit der 400 000 Angestellten war dem neuen Vorstand natürlich ein Dorn im Auge, und ihre Abschaffung wurde zu einem der Hauptziele der neuen Kampagne. Zu Beginn wurde älteren Mitarbeitern der Abschied mit hohen Abfindungen versüßt, dann ging man zu Entlassungen über. In den ersten sechs Monaten des Jahres 1993 wurde ein Drittel der Angestellten in den drei Produktionsstätten der IBM im Hudson Valley freigesetzt. Die Gesellschaft verschlankte andere Werke und Büros, wo immer sie konnte. Das neue Management schloß die Golfkurse und die Clubs, und es gab auch jede Unterstützung der Gemeinden auf, in denen IBM arbeitete.

Ich wollte mehr über diese große Umwandlung einer Weltfirma in ein schlankeres, flexibleres Unternehmen wissen, zum Teil auch weil viele der entlassenen Manager und Ingenieure mittleren Alters meine Nachbarn auf dem Lande im Staate New York sind. In einem Alter entlassen, in dem man noch zu jung für den Ruhestand ist, haben einige von ihnen eigenständige Arbeit als »Consultants« gesucht, meist vergeblich, weil die wenigen Kontakte, die sie außerhalb der Firma hatten, schnell erloschen. Einige arbeiten wieder für IBM, aber jetzt unter Kurzzeitverträgen und ohne die gute Bezahlung und Sicherheit früherer Zeiten. Wie immer sie es geschafft haben, die letzten vier Jahre zu überleben, sie müssen sich den brutalen Fakten des ökonomischen Wandels und seiner Wirkung auf ihr Leben stellen.

Das River Winds Café, nicht weit von den ehemaligen Büros meiner Nachbarn, ist ein lebhafter Hamburger-Joint, dessen Klientel früher aus einkaufenden Hausfrauen und mürrischen Teenagern bestand, die sich die Zeit nach der Schule vertrieben. Hier habe ich die Geschichten dieser Männer gehört, die immer noch weiße Hemden mit dunkler Krawatte tragen und langsam ihre Tasse Kaffee trinken, während sie aufmerksam wie auf einer Geschäftskonferenz ihren persönlichen Fall zu klären versuchen. Fünf bis sieben Männer treffen sich hier regelmäßig. Sie waren alle Programmierer und Systemanalytiker in der alten IBM. Die gesprächigsten unter ihnen waren Jason, ein Systemanalytiker, der beinahe zwanzig Jahre in dem Unternehmen gearbeitet hatte, und Paul, ein jüngerer Programmierer, den Jason bei der ersten Verschlankungswelle entlassen hatte.

Ich begann 1994 immer mal wieder ein paar Stunden des späten Nachmittags mit ihnen zu verbringen, ein Jahr, nachdem alle außer Jason bereits entlassen worden waren, und ein Jahr, nachdem ich Rico auf dem Flug nach Wien getroffen hatte. Der Versuch der Ingenieure im River Winds Café, dem, was ihnen zugestoßen war, einen Sinn zu geben, zerfiel grob gesagt in drei Phasen. Als ich begann, mich an den Diskussionen zu beteiligen, empfanden sich die Männer noch als passive Opfer der Firmenpolitik. Aber als die Diskussionen an ihr Ende kamen, hatten die entlassenen Angestellten den Schwerpunkt auf ihr eigenes Verhalten verlegt.

Als der Schmerz über die Entlassung noch frisch war, drehte sich das Gespräch um den »Betrug« IBMs – als hätte das Unternehmen sie hereingelegt. Die Programmierer zogen immer neue Beispiele aus der Firmengeschichte heran, die bereits das Unheil der späteren Entwicklung anzudeuten schienen. Diese Erinnerungen schlossen ganz triviale Dinge ein, zum Beispiel, daß einem Angestellten verwehrt worden war, auf dem Golfkurs achtzehn Löcher zu spielen, oder unerklärte Reisen eines Chefprogrammierers an unbekannte Orte. In dieser Phase wollten die Männer nachweisen, daß ihre Vorgesetzten sie bewußt in die Irre geführt hatten, sie wollten Beweise, die ihren Zorn rechtfertigten. Wenn man hereingelegt oder betrogen wird, kann man selber nicht schuld sein.

Aber auch außenstehende Beobachter der Vorgänge bei IBM hatten den Eindruck, daß das Unternehmen seine Angestellten »betrogen« hatte. Es war eine dramatische Geschichte: hochspezialisierte Fachkräfte in einer paternalistischen Firma wurden nun mit genausowenig Rücksicht behandelt wie Arbeiter oder Hausmeister. Die Firma schien sich überdies durch diesen Schrumpfungsprozeß selbst ruiniert zu haben. Der englische Journalist Anthony Sampson, der das Hauptquartier von IBM Mitte der neunziger Jahre besuchte, fand nur soziale Desorganisation vor, keineswegs die Energie eines Neubeginns. Ein Mitarbeiter gab zu: »Wir haben mehr Streß, mehr Gewalt in den Familien, mehr psychische Störungen – was natürlich auf die Entlassungen zurückgeht. Sogar im Inneren von IBM hat sich die Atmosphäre radikal verändert. Es gibt hier eine große Nervosität, niemand fühlt sich sicher.«[11] Angestellte, die die Entlassungswellen überlebt hatten, waren trotzdem verängstigt, konnten auch nicht begründen, warum es sie nicht getroffen hatte. Was die Entlassenen anging, so sagte ein örtlicher Geistlicher zu Sampson: »Sie sind sehr bitter, fühlen sich betrogen. Die großen Manager haben Millionen gemacht, und ihnen wollte man erzählen, es sei ihre eigene Schuld.«

Paul Carroll, der sich ebenfalls mit dem Debakel bei IBM beschäftigte, schreibt, daß ein Angestellter auf einem anonymen Fragebogen, der der Arbeitsmoral galt, auf die Behauptung, daß IBM jetzt den Respekt vor der individuellen Leistung über die Loyalität zur Firma stelle, mit den Worten reagierte: »Welcher Respekt? ... Bei IBM kann man sich auf nichts mehr verlassen, die Firma macht pompöse öffentliche Aussagen über Respekt, Aufrichtigkeit und Rücksicht, während in Wirklichkeit auf den unteren Ebenen bedrückende Arbeitsbedingungen und Diskriminierung herrschen.« Infolgedessen sei »die Firmenloyalität tot«, erklärte ein Betriebsberater lakonisch.[12] Und bei A.T.T., einem Telekommunikationskonzern ähnlichen Ausmaßes, der durch den gleichen Schrumpfungsprozeß ging, gab es in den Worten eines leitenden Managers »eine Atmosphäre der Furcht. In den alten Tagen hatten die Leute auch Angst, aber wenn sie 40 000 Jobs kappen, wer kritisiert da noch seinen Vorgesetzten?«[13]

Aber diese ersten Reaktionen hielten im River Winds Café nicht lange vor. Die Programmierer kamen bald zu dem Schluß, daß ein *bewußter* Betrug von seiten der Firmenleitung logisch keinen Sinn machte. Einerseits wurden viele der Vorgesetzten, von denen sie in den ersten Phasen der Umstrukturierung gefeuert worden waren, später selbst entlassen. Zum anderen war nicht zu leugnen, daß es IBM in den achtziger und frühen neunziger Jahren sehr schlecht gegangen war. Diese unangenehmen Tatsachen waren in großer Deutlichkeit an den Jahresbilanzen abzulesen; die Dysfunktionalität der alten Industriekultur lag dort offen zutage.

Vor allem aber war den Programmierern als erwachsenen Menschen bald klargeworden, daß ihre Verschwörungstheorie die Bosse von IBM zu eindimensional als reine Verkörperungen des Bösen hinstellte. Als Paul zum vierten oder fünften Mal die geheimnisvollen Geschäftsreisen ihres ehemaligen Vorgesetzten ansprach, wurde es den anderen am Tisch schließlich zuviel. »Nun komm schon«, sagte Jason. »Du weißt doch, daß er ein anständiger Kerl war; der hat wahrscheinlich nur seine Freundin besucht. Kein Mensch wußte im voraus, was da passieren würde.« Dem schlossen sich im Laufe der Zeit andere an. Die Wirkung war eine realistischere Einschätzung dessen, was bei IBM geschehen war.

Also konzentrierten sie sich in der zweiten Phase ihrer Deutung der Vorgänge auf äußere Kräfte und Tendenzen, denen man die Schuld geben konnte. Im River Winds Café erschien nun die »globale Wirtschaft« als die eigentliche Unheilsquelle, vor allem weil sie dafür sorgte, daß Arbeit in der ganzen Welt verteilt wurde. IBM hatte mit dem »Outsourcing« eines Teils der Programmierarbeit begonnen, weil Programmierer in Indien nur einen Bruchteil des Gehaltes bekamen, das in Amerika für solche Arbeiten gezahlt wurde. Diese Tatsache wurde nun als Grund dafür zitiert, daß sie entlassen worden waren. Von der Kommunikation her war die Verlagerung der Arbeit kein Problem, da ein Code, der in Amenadabab geschrieben worden war, genauso schnell auf dem Schreibtisch ihres Chefs landete wie einer, der im Haus verfaßt wurde.

Die Furcht, daß Ausländer die Chancen hart arbeitender Amerikaner zerstören, ist alt und tiefverwurzelt. Im 19. Jahrhundert waren es arme, unausgebildete Arbeiter, Einwanderer, die für geringeren Lohn arbeiteten und so Amerikanern

Jobs wegzunehmen schienen. Heute dient die globale Ökonomie dazu, diese alte Angst wiederzubeleben, aber dieses Mal sind nicht nur die einfachen Arbeiter bedroht, sondern auch die Mittelschicht und Akademiker. Viele amerikanische Ärzte beklagen zum Beispiel das Hereinströmen »billiger Doktoren« aus Ländern der Dritten Welt, derer sich die Krankenkassen und die staatlichen Gesundheitsbeamten bedienen, um Druck auf sie auszuüben. Ökonomen wie Lester Thurow haben in Büchern und Artikeln versucht, diese Bedrohung zu verallgemeinern. Sie argumentieren, daß die Verschiebung der Arbeit in Billiglohnländer auch die Löhne in fortgeschrittenen Ökonomien wie den USA herunterziehen. Auf rationaler Ebene ist diese These aber nicht so einfach nachzuweisen. Paul Krugman zum Beispiel weist darauf hin, daß nur 2% des amerikanischen Nationaleinkommens aus Importen aus Billiglohnländern irgendwo auf dem Globus stammen. Aber der Glaube an die persönliche Gefährdung durch eine solche Bedrohung von außen ist eine tiefsitzende Emotion, der mit Fakten schwer beizukommen ist.

Zum Beispiel suchten die Männer im Café in dieser »protektionistischen« Phase der Diskussion, die mehrere Monate andauerte, ihre eigenen Schwierigkeiten dadurch zu erklären, daß sie ausländische Einflüsse mit der Übernahme von IBM durch amerikanische »Außenseiter« gleichsetzten. Sie kamen wiederholt auf die Tatsache zurück, daß der neue Chef von IBM, Louis Gerstner, Jude war. Diese Phase fiel mit den Wahlen von 1994 zusammen, und einige der Männer gaben ihre Stimme Kandidaten des extremen rechten Flügels, die sie in sichereren Tagen für absurd gehalten hätten.

Aber auch diese Deutung hielt nicht lange. Der Wendepunkt kam, als die Männer begannen, über ihre eigenen

Karrieren zu diskutieren, besonders über ihre professionellen Wertvorstellungen. Als Wissenschaftler und Ingenieure glaubten die Programmierer an die Vorteile solcher technischer Entwicklungen wie der digitalen, globalen Kommunikation. Und sie erkannten auch die Qualität der Arbeit an, die aus Indien kam.

Diese Anerkennung war mehr als eine abstrakte Verbeugung vor professionellen Standards. Die Tatsache, daß die Männer darüber sprachen, war wichtig für sie. Während der Phase, in der sie die Tücke der indischen Konkurrenten und die Intrigen des jüdischen IBM-Chefs analysierten, hatten sie einander wenig über den Inhalt der eigenen Arbeit zu sagen. Häufig breitete sich am Tisch Schweigen aus. Der »Betrug« der Firma und die Bedrohung von außen, die sie zu Opfern gemacht hatte, hielten das Gespräch in den Grenzen einer allgemeinen Anklage. Die Konzentration auf äußere Feinde gab den Programmierern selbst kein professionelles Prestige. Die Geschichte bezog sich nur auf das Handeln anderer, die sie nicht kannten und von denen sie wenig wußten. Sie waren den globalen Mächten passiv ausgeliefert.

Jim, der älteste der früheren IBM-Angestellten und ein Mann, der daher am meisten Schwierigkeiten hatte, wieder Arbeit zu finden, sagte mir: »Wissen Sie, im Koreakrieg dachte ich, ich wär nur eine Marionette, ein Niemand im Schlamm. Aber bei IBM wurde ich viel mehr zu einer Marionette.« Als die dritte Phase der Deutung begann, wandte sich Paul, der früher seinen reisenden Vorgesetzten dunkel verdächtigt hatte, gegen Jim, den er ansonsten sehr bewunderte. Er erinnerte ihn daran, daß sie ihre Arbeitszeit bei IBM ja nicht einfach nur abgesessen, sondern ihre Arbeit geliebt hätten. Worauf Jim antwortete: »Klar. Ich lieb die Arbeit immer noch – wenn ich welche krieg.« Und auf die Weise begannen die Männer allmählich, anders über die Vorgänge zu reden.

Diese dritte Phase der Erklärung gab ihnen das Gefühl ihrer Integrität als Programmierer wieder, aber zu einem hohen Preis. Jetzt konzentrierte sich das Gespräch auf die Geschichte der High-Tech-Arbeit, ihr kürzliches enormes Wachstum, die technischen Voraussetzungen, die man brauchte, um mit den neuen industriellen und wissenschaftlichen Herausforderungen fertig zu werden. Es passierte etwas mit den Stimmen der Männer, die in dem Café miteinander sprachen, als sie sich von der Besessenheit, mit der sie ihre Opferrolle diskutiert hatten, lösten. In demselben Maße, in dem sie auf die Bedingungen ihres Berufs zurückkamen, begannen die Programmierer darüber zu reden, was sie persönlich zu einem früheren Zeitpunkt ihrer Karriere hätten tun können und sollen, um ihre gegenwärtige Notlage zu verhindern. In dieser Phase tauchte schließlich der Diskurs über eine Karriere im Sinne der Vorstellungen von Walter Lippmann auf. Fragen des persönlichen Willens, der Wahlmöglichkeiten, des professionellen Standards, der beruflichen Entwicklung tauchten nun auf – nur daß das Thema dieses Karrierediskurses nicht die Beherrschung war, sondern das Scheitern.

Diese Diskussionen gingen von der Tatsache aus, daß IBM sich weiter auf Großrechner festgelegt hatte, als die größten Zuwachsraten der Industrie schon bei den kleinen Personal Computern lagen. Die meisten der Programmierer waren Spezialisten für »Main-frame Computer«, Großrechner der traditionellen Art. Die IBM-Männer begannen nun zu überlegen, ob sie sich nicht zu sehr an eine Firma gebunden hatten, ob sie nicht zu sehr an die Versprechungen dieser einen Unternehmenskultur geglaubt, sich auf eine Karriere eingelassen hatten, die sie nicht selbst kontrollierten. Es wäre zuviel gesagt, daß sie sich selbst die Schuld gaben. Ich hörte nichts von Schuld in den Stimmen der Männer, zumindest nicht die Art von Schuldgefühl, die sich in Larmoyanz äußert. Es ging um Großrechner, Workstations, die Möglichkeiten des Java-Modells und Probleme der Bandbreite. Jetzt erzählten sie vom Erfolg der Leute, die vor zehn oder zwölf Jahren in den PC-Sektor eingestiegen waren, in kleine riskante Unternehmen, welche die Möglichkeiten des Internet voraussahen. Das, da waren sie sich einig, hätten sie auch tun sollen. Sie hätten Unternehmer werden sollen wie die Jungs im Silicon Valley, der Heimat der kleinen High-Tech-Gesellschaften.

»Wir hatten das Beispiel vor Augen«, sagte Kim, ein Vernetzungsspezialist, eines Tages. »Wir kannten das alles, was da an der Westküste lief, und wir haben nichts getan.« Alle außer Jim, der das Problem der Kapitalbeschaffung ansprach, stimmten zu. »Unsinn«, sagte Kim. »In dem Geschäft geht's nicht um heute; da geht's um die Zukunft. Dafür kriegt man Geld.« Die Geschichte von IBMs internen Fehlern, die Umstrukturierung, um mehr Flexibilität zu erreichen, das Auftauchen des globalen Arbeitsmarktes, für den die indischen Programmierer ein Beispiel waren – all diese Dinge wurden nun als Signale gedeutet, daß sie hätten aussteigen sollen. Sie hätten das Risiko auf sich nehmen sollen.

Das letzte Jahr hindurch hat diese Deutung dessen, was bei IBM mit ihnen geschah, Bestand gehabt. Und sie fiel mit einer veränderten Haltung meiner Nachbarn der Gemeinde gegenüber zusammen. Sie hatten sich vorher als Kommunalpolitiker versucht, hatten in Schulaufsichtsräten gesessen und so weiter. Jetzt haben sie diese Ämter aufgegeben. Sie haben keine Schwierigkeiten, mit erhobenem Kopf in ihrer Heimat aufzutreten, da so viele Leute in der Stadt von IBM entlassen worden sind oder als Ladenbesitzer und Händler unter der Umstrukturierung gelitten haben. Sie haben einfach kein Interesse mehr an der Kommunalpolitik.

Nur ihre Verbindung zu den Kirchen des Ortes erhalten sie mit eher noch größerem Eifer aufrecht, sie besuchen den Gottesdienst und dienen als Kirchenälteste. Das ist ihnen wichtig, weil sie so den persönlichen Kontakt mit den anderen Gemeindemitgliedern aufrechterhalten. In diesem Teil des Staates wie in anderen ländlichen Gebieten haben sich die neuen fundamentalistischen und evangelikalen Formen des Christentums stark verbreitet. Der jüngste der Männer, Paul, sagte mir: »Als ich wiedergeborener Christ geworden war, wurde ich gelassener, weniger ehrgeizig.« Wenn meine Nachbarn die Verantwortung für ihre Lebensgeschichte auf sich genommen haben, so hat sie diese ethische Entscheidung zugleich in eine bestimmte Richtung getrieben, nach innen.

Ein erfolgreicher Unternehmer aus dem Silicon Valley, der diesen Bericht liest, könnte nun sagen: »Das beweist in der Tat, daß sie mehr Risiken auf sich hätten nehmen sollen. Sobald diese Männer das Wesen einer modernen Karriere verstanden, haben sie richtigerweise die Verantwortung bei sich selbst gesucht. Sie haben nicht genug getan.« Dieses harte Urteil setzt natürlich voraus, daß die Programmierer die Zukunft hätten vorhersehen können. Trotzdem könnte man die Diskussionen im River Winds Café durchaus als Mahnung daran verstehen, daß heutige Karrieren sehr viel verletzlicher geworden sind.

Aber es dabei zu belassen, hieße die psychische Arbeit vernachlässigen, der sich diese Männer unterworfen haben: sie haben sich ihrem Scheitern gestellt und haben ihm in den Begriffen ihrer eigenen Charaktere einen Sinn gegeben. In einem Interview, das Michel Foucault kurz vor seinem Tod gab, stellte der Philosoph dem Interviewer eine Frage: Wie »regiert« man sich selbst?

> Wie »regiert« man sich selbst, wenn man selbst das Objekt der eigenen Handlungen ist, der Bereich, in dem sie sich abspielen, das Instrument, dessen sie sich bedienen, und zugleich das Subjekt, das handelt?[14]

Die Programmierer mußten diese Frage beantworten – und ich glaube in Foucaults Geist –, indem sie Wege ausfindig machten, sich der Realität des Scheiterns und der Selbstbegrenzung zu stellen. Diese Bemühung um Interpretation dessen, was mit ihnen geschehen war, entspricht auch Lippmanns Konzept der »Beherrschung«, dem Versuch, Veränderungen nicht länger blind und passiv zu erdulden. Sicher, sie handeln nur insoweit, als sie miteinander reden. Aber es ist trotzdem eine reale Handlung. Sie brechen das Tabu, welches das Scheitern umgibt, sie bringen es an die Oberfläche. Es ist deshalb wichtig, die Art, in der sie das Tabu brechen, zu verstehen.

Die Methode der Programmierer war das Durchgehen verschiedener Erzählungen, und die Evolution dieser Erzählungen macht die Diskussionen so bedeutungsvoll. Alle drei Versionen kreisen um einen kritischen Wendepunkt. In der ersten ergibt sich der Wendepunkt, als das Management des Unternehmens beginnt, die Angestellten zu betrügen, in der zweiten, als Eindringlinge auf der Szene erscheinen, in der dritten, als die Programmierer nicht rechtzeitig aussteigen. Keine Version bedient sich einer Form der Geschichte, in der sich das persönliche Desaster des einzelnen langsam und von weither entwickelt, von der Zeit Thomas Watsons Sen. an.

Ein Geschichte um plötzliche kritische Momente herum zu gestalten, ist natürlich eine vertraute Konvention von Romanen und Autobiographien. In seinen *Bekenntnissen* zum Beispiel erzählt Jean-Jacques Rousseau, wie er als Junge von seiner Erzieherin, Mlle. Lambercier, zur Strafe geschlagen wurde, und er erklärt dazu: »Wer würde glauben, daß diese Züchtigung eines Kindes, mit acht Jahren von der Hand einer Dreißigjährigen empfangen, über meine Neigungen, meine Begierden, meine Leidenschaften, über mich selbst für den Rest meines Lebens entschieden hat ...?«[15] Daraus kann Rousseau eine Lebenserzählung entwickeln, trotz der Widersprüche in sich selbst, wenn er zum Beispiel erklärt: »Ich glaube schon bemerkt zu haben, daß es Zeiten gibt, wo ich sowenig mir gleiche, daß man mich für einen anderen Menschen von ganz entgegengesetztem Charakter halten könnte.«[16] Die Konvention des kritischen Moments ist eine Art, Veränderung lesbar und klar zu machen, ihr das Chaotische, Blinde oder einfach Spontane zu nehmen. Die letztere Art der Veränderung erscheint in Goethes Autobiographie: Als er sich entschließt, seine Geliebte zu verlassen und nach Weimar zu gehen, sagt er über sich selbst: »Wohin es geht, wer weiß es? Erinnert er sich doch kaum, woher er kam!«[17]

Die Konvention des definierenden, klärenden Moments hilft den Programmierern, Sinn in ihre Lebensläufe zu bringen. Ihre Diskussionen waren natürlich nicht drei wohlgeordnete Kapitel, sondern eher ein ständig abschweifendes, entspanntes Geplauder. Aber in den ersten beiden Versionen treten immer wieder nagende Zweifel den definierenden Ereignissen in den Weg. Die erste Version wird durch das Wissen der Männer um IBMs Zustand entwertet, die zweite durch ihren Glauben an den technologischen Fortschritt und ihr Gefühl für professionelle Qualität. Die dritte Version aber hält stand. Jetzt bekommt die Geschichte einen klaren Verlauf. Sie hat ein deutliches Zentrum: »Ich.« Und eine gutkonstruierte Handlung: »Ich hätte mein Leben in die eigenen Hände nehmen sollen.« Der definierende Moment ist jener, als die Programmierer sich aus der passiven Opferrolle lösen und sich selbst aktiver sehen. Jetzt bedeuten ihre eigenen Handlungen plötzlich etwas für die Erzählung. Gefeuert zu werden ist nicht mehr das zentrale Ereignis der dritten Version; die entscheidende Handlung ist die, welche die Männer im Jahre 1984 oder 85 unterlassen haben. Sie haben dem Unternehmen nicht rechtzeitig den Rücken gekehrt. Dieses definierende Moment wird zu ihrer eigenen Verantwortung. Nur indem sie diese Verschiebung akzeptieren, können sie beginnen, sich der Tatsache zu stellen, daß sie in ihrer Karriere gescheitert sind.

Die Tabus, die das Scheitern umgeben, bedeuten, daß es oft eine tief verwirrende, schlecht definierte Erfahrung darstellt. In einer hervorragenden Studie der vom Abstieg bedrohten Mittelschicht bemerkt die Anthropologin Katherine Newman, daß »... der Abstieg von leitenden Angestellten trotz ganz unterschiedlicher Folgen eine ambivalente, unklare, schwankende Verfassung der Betroffenen erzeugt«. Ein vom Abstieg betroffener Manager zu sein, sagt sie, »bedeutet zunächst zu entdecken, daß man nicht so gut ist, wie man geglaubt hat, und dann am Ende festzustellen, daß man gar nicht mehr sicher ist, wer oder was man ist«.[18] Die Männer im River Winds Café bewahrten sich schließlich selbst vor dieser subjektiven Ambivalenz.

Es mag den Anschein haben, als wäre diese narrative Auseinandersetzung mit dem Scheitern willkürlich. Nietzsche sagt in *Also sprach Zarathustra* über den einfachen Mann: »Ohnmächtig gegen das, was getan ist – ist er allem Vergangenen ein böser Zuschauer. Nicht zurück kann der Wille wollen.«[19] Die Programmierer konnten nicht als »böse Zuschauer« ihrer Vergangenheit leben, und deshalb haben sie ihren Willen doch dieser Vergangenheit aufgezwungen. Und in der Evolution der Erzählung hörten die Männer im River Winds Café allmählich auf, Kinder einer paternalistischen Firma zu sein. Sie gaben die Ansicht auf, daß die Mächtigen intrigierende Dämonen und ihre indischen Konkurrenten illegitime Eindringlinge seien. Ihre Deutung näherte sich langsam der Realität an.

Wie kann diese narrative Form das Gefühl ziellosen inneren Dahintreibens überwinden, das Lippmann für so zerstörerisch hielt? Lassen Sie uns einen Blick auf eine andere Erzählung werfen, die vielleicht der Moderne eher angemessen ist. Der Romanschriftsteller Salman Rushdie behauptet, daß das moderne Ich »ein schwankendes Bauwerk ist, das wir aus Fetzen, Dogmen, Kindheitsverletzungen, Zeitungsartikeln, Zufallsbemerkungen, alten Filmen, kleinen Siegen, Menschen, die wir hassen, und Menschen, die wir lieben, zusammensetzen«.[20] Für Rushdie ist die Lebenserzählung also eine Collage, eine Sammlung des Zufälligen und Beliebigen, des Vorgefundenen und Improvisierten. Dieselbe Betonung der Diskontinuität findet sich in den Schriften des Philosophen Zygmunt Bauman und des Theologen Mark Taylor; sie feiern die Werke von Autoren wie Joyce und Calvino, weil in ihnen die herkömmliche Handlung aufgegeben wird, um den Fluß der Alltagserfahrung besser erfahrbar zu machen.[21] Die Psyche befindet sich in einem Zustand endlosen Werdens – ein Selbst, das sich nie vollendet. Unter diesen Umständen kann es keine zusammenhängende Lebensgeschichte geben, keinen klärenden Moment, der das Ganze erleuchtet.

Solche narrativen Formen, die manchmal als »postmodern« bezeichnet werden, spiegeln in der Tat die Erfahrung der Zeit in der modernen Politökonomie. Ein nachgiebiges Ich, eine Collage aus Fragmenten, die sich ständig wandelt, sich immer neuen Erfahrungen öffnet – das sind die psychologischen Bedingungen, die der kurzfristigen, ungesicherten Arbeitserfahrung, flexiblen Institutionen, ständigen Risiken entsprechen. Aber wenn man glaubt, daß die ganze Lebensgeschichte nur aus einer willkürlichen Sammlung von Fragmenten besteht, läßt das wenig Möglichkeiten, das plötzliche Scheitern einer Karriere zu verstehen. Und es bleibt kein Spielraum dafür, die Schwere und den Schmerz des Scheiterns zu ermessen, wenn Scheitern nur ein weiterer Zufall ist.

Die Fragmentierung narrativer Zeit ist im Arbeitsmilieu von Programmierern besonders auffällig. In dem Buch *City of Bits* schildert der Architekt William Mitchell Cyberspace als »eine entwurzelte Stadt, die nirgendwo auf der Oberfläche der Erde ihren Ort hat ..., und die bewohnt ist von körperlosen und fragmentierten Subjekten, die nur als Vertreter des Echten existieren.«[22] Sherry Turkle, die viel über die neuen Technologien geschrieben hat, gibt die Stimme eines jungen Mannes wieder, der ihr sagte: »Ich schalte einfach einen Teil meines Gehirns an und dann einen anderen, wenn ich auf dem Schirm von Fenster zu Fenster gehe. In einem Fenster verwickle ich mich in eine Art Streitgespräch, in dem anderen versuch ich ein Mädchen anzusprechen, und das dritte zeigt vielleicht ein Programm.«[23] Fredric Jameson spricht von der

»unaufhörlichen Rotation der Elemente« in der modernen Erfahrung, die den verschiedenen Fenstern auf dem Computerschirm ähnelt.[24]

In ihren Gesprächen haben die Programmierer die Verbindung wiedergewonnen, die auf dem Bildschirm fehlt. Ihre Erzählung scheint in der Tat eine »prä-postmoderne« zu sein, denn sie strebt nach Zusammenhang und einem festen auktorialen »Ich«. Man könnte sagen – um einen weiteren modischen Ausdruck zu benutzen –, daß ihre Erzählung eine des Widerstands ist. Aber in ethischer Hinsicht war das Dénouement dieser Gespräche tiefer als das.

Am Schluß sprachen die Programmierer mehr mit einem Ausdruck der Resignation als des Zorns darüber, daß es zu spät sei, daß sie ihre Chancen vertan hätten. Dabei waren diese Männer ja noch keinesfalls alt. In dieser dritten Version gaben sie mit einer gewissen Erleichterung den Kampfwillen auf – eine tiefsitzende Müdigkeit hatte sie ergriffen, die viele Menschen mittleren Alters erfaßt. Jeder, der schon einmal ein Scheitern erlebt hat, wird den Impuls erkennen: Da Hoffnung und Sehnsucht zerstört sind, ist die Erhaltung der eigenen aktiven Stimme der einzige Weg, das Scheitern erträglich zu machen. Einfach nur zu erklären, daß man aushalten will, reicht nicht. Rico hat viele Prinzipien, nach denen er lebt, er ist immer bereit, sich selbst gute Ratschläge zu geben, aber diese Weisheiten können seine Ängste nicht beschwichtigen. Der Rat, den die Programmierer sich selbst geben konnten, war nur rückblickend und daher ohnmächtig: »Ich hätte wissen sollen …« und »wenn ich nur …«. In dieser Form äußert sich Resignation, und Resignation ist die Anerkennung des Gewichts objektiver Realität.

Ihre Erzählung versuchte also eine Art der Selbstheilung.

Das Narrative heilt traditionell durch Struktur, nicht durch die Vermittlung direkter Ratschläge. Selbst die großen Allegorien, auch so unverhüllt moralisierende wie Bunyans *Pilgrim's Progress*, transzendieren ihre eigene Absicht, um dem Leser zu zeigen, nicht zu sagen, wie er handeln soll. Bunyan macht zum Beispiel die Versuchungen des Bösen so kompliziert, daß der Leser sich mit Christians Schwierigkeiten beschäftigt, nicht aber seine Lösungen nachzuahmen sucht. Das Heilende des Narrativen beruht genau auf dieser Auseinandersetzung mit dem Schwierigen. Die heilende Arbeit des Narrativen begrenzt das Interesse an der Erzählung nicht darauf, daß sie am Ende »gut« ausgeht. Statt dessen erkennt und prüft eine gute Erzählung die Realität all der Möglichkeiten, wie es »schlecht« ausgehen kann. Der Leser eines Romans, der Zuschauer eines Theaterstücks erfährt den Trost, Menschen und Ereignisse zu erleben, die einem Zeitmuster eingepaßt sind. Die »Moral« der Erzählung liegt in der Form, nicht in der Aussage.

Schließlich könnte man sagen, daß diese Männer sich ihrem Scheitern in der Vergangenheit gestellt, die Wertvorstellungen ihrer Karriere umrissen, aber keinen Weg in die Zukunft gefunden haben. In der flexiblen, fragmentierten Gegenwart mag es möglich sein, zusammenhängende Erzählungen über das, was war, zu schaffen, aber nicht länger möglich, kreative vorausschauende Entwürfe dessen, was sein wird. Die Tatsache, daß die Männer im River Winds Café sich aus einem aktiven Engagement in ihrer Gemeinde zurückgezogen haben, könnte diese Fixierung auf die Vergangenheit bestätigen. Das flexible Regime könnte einen Charakter hervorbringen, der sich ständig im Zustand der »Erholung« befindet.

Dennoch, die wichtigste und einfachste Tatsache dieser langen Diskussion ist die, daß die Programmierer einen Weg gefunden haben, das Scheitern untereinander zur Sprache zu bringen. Sie mußten sich aufeinander einlassen, sich aufeinander verlassen, um das Tabu zu brechen, und im Laufe der Zeit öffneten sie sich einander, unterstützten sich gegenseitig – und kamen auf die Art zu einer zusammenhängenderen Deutung des Geschehens, ihrer eigenen Rolle und der Zeit. Das ist das Suggestivste an ihrer Erfahrung, die einfache Tatsache der Gemeinschaft, die sich mit einer komplexen, aber beständigen Vorstellung der Zeit verband. Was ihre Geschichte suggeriert, ist in der Tat eine Überlebensstrategie für die stetig wachsende Zahl jener, die im modernen Kapitalismus zum Scheitern verurteilt sind.

Kapitel 8

Das gefährliche Pronomen

Die überzeugendsten praktischen Vorschläge zum Umgang mit den Problemen des neuen Kapitalismus konzentrieren sich auf die Orte, an denen er operiert. Moderne Firmen stellen sich gerne so dar, als hätten sie sich ganz aus den Bindungen an einen Ort gelöst; eine Fabrik in Mexiko, Büros in Bombay, ein Medienzentrum in Manhattan – diese erscheinen als bloße Knotenpunkte im globalen Netz. Heute scheuen Kommunen, Städte, Staaten davor zurück, ihre Souveränität auszuüben, indem sie beispielsweise Steuern erheben oder Massenkündigungen verhindern, weil sie fürchten, daß ein Großkonzern leicht eine andere Insel im Netz finden könnte, eine Fabrik in Kanada statt in Mexiko, Büros in Boston statt in Manhattan. Die Furcht davor, daß IBM die Gegend ganz verlassen könnte, hat viele Kommunen im Hudson Valley davor zurückschrecken lassen, sich gegen Entscheidungen der Firma zu wenden, die das Arbeitsleben von Bürgern, die als Programmierer bei IBM beschäftigt waren, praktisch zerstörten.

Es gibt aber bereits Anzeichen, daß die Ökonomie dem Ort nicht so gleichgültig gegenübersteht, wie man oft angenommen hat. Man kann natürlich Aktien jeder Art auch in Dubuque, Iowa, kaufen, aber man kann keine Börse in Maisfeldern aufbauen. IBM war in dem System aus Zulieferern und Vertriebsfirmen zu verwurzelt, zu sehr an die finanziellen Dienstleistungen in New York gebunden, um einfach ins Ausland zu gehen. Wie die Politökonomin Saskia Sassen gezeigt hat, schwebt die globale Wirtschaft keineswegs draußen im Weltall. Selbst auf den flexibelsten Arbeitsmärkten der Welt, in Südostasien, wird allmählich deutlich, daß lokale, soziale und kulturelle Geographien für Investitionsentscheidungen von großer Bedeutung sind.[1] Der Ort besitzt Macht, und die neue Ökonomie könnte durch diese Macht eingeschränkt werden.

Ist es wirkungsvoller, den neuen Kapitalismus von außen herauszufordern, an den Orten, wo er operiert, oder zu versuchen, ihn von innen heraus zu reformieren? Unter den drei strukturellen Aspekten der Flexibilität – abrupte Umstellung, flexible Produktion, Machtkonzentration ohne Zentralisierung – scheint es in der Tat möglich, einige der zerstörerischen Folgen abrupter Umstellung einzuschränken; zum Beispiel könnte man die Verschlankung der Firmen begrenzen. Aber es wäre sehr viel schwerer, die anderen Aspekte von außen zu regulieren. Und in gewisser Weise ist Zügelung oder Begrenzung gar nicht der entscheidende Punkt.

Die Anstrengung, den neuen Kapitalismus von außen zu kontrollieren, muß ein anderes Grundprinzip haben: Welchen Wert hat die Firma für die Gemeinde, in welcher Weise dient sie gemeinschaftlichen Interessen statt ausschließlich denen von Gewinn und Verlust? Das Erzwingen äußerer Verhaltensmaßregeln führt oft zu innerer Reform. Gerade weil die Welt des globalen Netzes so amorph ist, so unzuverlässig, könnten Versuche der Gemeinden, den Firmen ein Bild dessen vor Augen zu halten, »wie sie sein sollten, hier, an diesem

Ort«, durchaus zweckmäßig sein. Dennoch hat der Versuch, Unternehmen zu besseren Bürgern zu machen, natürlich seine Grenzen. Die neuen Besitzer der erwähnten Bostoner Bäckerei zum Beispiel verhalten sich durchaus wie gute Bürger, sie zahlen der Gemeinde, in der sie arbeiten, Steuern und stellen sogar Personal frei. Rodney Everts, der Mann, der vergeblich versuchte, seinen Kollegen das herkömmliche Backen beizubringen, darf der Arbeit an einem Tag in der Woche fernbleiben, um in einer örtlichen Berufsschule das Backen zu lehren. Aber diese Tat bürgerlichen guten Willens bleibt innerhalb der Bäckerei selbst folgenlos. Sie macht die Arbeit nicht sinnvoller, und sie verstärkt auch nicht die Identifikation der Angestellten mit dem, was sie tun. Dieselben Probleme der Zeit und der Selbstidentifikation, welche die Arbeitswelt überschatten, beschäftigen in der Tat auch die Gesellschaft im ganzen.

Der Ort wird von der Geographie definiert, die Gemeinde beschwört die sozialen und persönlichen Dimensionen des Ortes. Ein Ort wird zu einer Gemeinde, wenn Menschen das Pronomen »Wir« zu gebrauchen beginnen. So zu sprechen, setzt Bindung voraus, im Kleinen wie im Großen. Auch eine Nation kann zu einer Gemeinschaft werden, wenn ihre Bürger von allen akzeptierte Glaubenssätze und Werte in konkrete, tägliche Praxis übersetzen. Rousseau war der erste moderne Denker, der verstand, wie sehr die Praxis der Politik von diesen täglichen Ritualen abhängt, wie sehr die Politik sich auf das gemeinschaftliche »Wir« stützt. Eine der unbeabsichtigten Folgen des modernen Kapitalismus ist die Stärkung des Ortes, die Sehnsucht der Menschen nach der Verwurzelung in einer Gemeinde. All die emotionalen Bedingungen modernen Arbeitens beleben und verstärken diese Sehnsucht: die Ungewißheiten der Flexibilität; das Fehlen von Vertrauen und Verpflichtung; die Oberflächlichkeit des Teamworks; und vor allem die allgegenwärtige Drohung, ins Nichts zu fallen, nichts »aus sich machen zu können«, das Scheitern daran, durch Arbeit eine Identität zu erlangen. All diese Bedingungen treiben die Menschen dazu, woanders nach Bindung und Tiefe zu suchen.

Heute, unter dem neuen Regime der Zeit, ist dieser Gebrauch des »Wir« zu einem Akt des Selbstschutzes geworden. Die Sehnsucht nach Gemeinschaft ist defensiv, sie drückt sich oft in der Ablehnung von Immigranten oder anderer Außenseiter aus – die wichtigste Architektur der Gemeinschaft ist die Mauer gegen eine feindliche Wirtschaftsordnung. Es ist eingestandenermaßen fast ein universelles Gesetz, daß das »Wir« als Abwehr gegen Verwirrung und Entwurzelung gebraucht wird. Aber die gegenwärtige Politik, die sich auf diese Sehnsucht nach Sicherheit stützt, wendet sich stärker an dic Schwachen, an jene, die am Rande des globalen Arbeitsmarktes stehen, weniger an die Starken, deren Institutionen Wellen armer Arbeiter in Bewegung setzen oder ihre relative Verelendung ausnutzen. Die IBM-Programmierer wandten sich, wie wir gesehen haben, psychologisch schließlich nach innen, aber in einem wichtigen Aspekt überwanden sie diese defensive Auffassung der Gemeinschaft: sie hörten auf, ihren indischen Kollegen oder ihrem jüdischen Vorstandsvorsitzenden die Schuld an ihrem Los zu geben.

»Wir« ist oft der falsche Ausdruck, wenn er als Waffe gegen die Welt draußen gewandt wird. Rico kannte beide Seiten dieses falschen Ausdrucks nur zu gut. Einerseits bemerkte er, wann immer er umzog, daß seine Nachbarn kaum Beziehungen zueinander hatten. Er mußte in jeder der neuen Schlafstädte, in denen er eine Zeitlang lebte, von vorne anfangen, Orte, in denen die Bewohner sich praktisch alle drei bis vier Jahre austauschten. Und sein eigenes Gefühl für das »Wir«, ausgedrückt in der Sprache der Gemeinde und der Familienwerte, war nur eine statische Abstraktion, deren Gehalt er schon früher abgelehnt hatte und den er in der Gegenwart nicht praktizieren konnte. Jetzt aber nimmt dieses zweifelhafte, fiktive »Wir« ein neues Leben an. Es soll dazu dienen, die Menschen gegen eine energische neue Form des Kapitalismus zu verteidigen.

Denn das gefährliche Pronomen kann auch zu tieferen und positiveren Zwecken gebraucht werden. Man nehme die beiden Elemente des Ausdrucks »ein geteiltes Schicksal«. Welche Art von Teilen ist die Voraussetzung, wenn man der neuen Politökonomie Widerstand leisten will, statt vor ihr die Flucht zu ergreifen? Welche Art langfristiger persönlicher Beziehungen kann im Gebrauch des »Wir« enthalten sein?

Soziale Bindung entsteht am elementarsten aus einem Gefühl gegenseitiger Abhängigkeit. Nach den Losungen der neuen Ordnung ist Abhängigkeit eine Sünde; der Angriff auf rigide bürokratische Hierarchien soll die Menschen strukturell aus der Abhängigkeit befreien, ihre Bereitschaft, Risiken auf sich zu nehmen, dient angeblich ihrer Selbstversicherung und tritt an die Stelle der Ergebenheit in das Unvermeidliche. In modernen Firmen hat der »Dienst« seinen Ehrenplatz verloren – das Wort selbst beschwört die letzte Zuflucht dessen herauf, der nur seine Zeit absitzt. John Kotters Preislied auf das »Consulting« als Gipfel flexiblen Geschäftsgebarens geht von der Voraussetzung aus, daß der Firmenberater niemandem verpflichtet ist. In diesen Ablehnungen der Abhängigkeit als etwas Erniedrigendem findet sich indessen kein Hinweis auf etwas allen Gemeinsames, auf etwas Geteiltes.

Solche Haltungen sind mehr als psychologische Vorurteile. Der Angriff auf den »Wohlfahrtsstaat«, der in den modernen neoliberalen anglo-amerikanischen Gesellschaften begann und der sich nun auf andere mehr »rheinisch« ausgerichtete Ökonomien auszubreiten beginnt, belegt jene, die vom Staat abhängen, mit dem Verdacht, sie seien soziale Parasiten, nicht wirklich hilflos.

Die Zerstörung von sozialen Auffangnetzen und staatlichen Hilfsorganisationen wird mit dem Argument gerechtfertigt, die Wirtschaft des Staates brauche mehr Flexibilität – als ob die Parasiten die dynamischeren Mitglieder der Gesellschaft behinderten. Soziale Parasiten verstecken sich angeblich auch tief im produktiven Bereich selbst – zumindest scheint das die Botschaft der Verachtung zu sein, mit der von Arbeitern gesprochen wird, denen man sagen muß, was sie tun sollen, statt daß sie aus Eigeninitiative handelten. Die Ideologie des sozialen Parasitentums ist ein mächtiges Disziplinierungsmittel am Arbeitsplatz; der Arbeiter will beweisen, daß er nicht von der Arbeit anderer lebt.

Eine positivere Sicht der Abhängigkeit müßte zuerst einmal den eingeführten Gegensatz von Abhängigkeit und Unabhängigkeit untersuchen. Fast ohne Nachdenken akzeptieren wir den Kontrast zwischen einem schwachen, abhängigen Ich und einem starken, unabhängigen Ich. Aber wie der Gegensatz zwischen Erfolg und Scheitern, ebnet auch dieser Kontrast die Realität ein. »Die wahrhaft selbständige Person erweist sich als keineswegs so unabhängig, wie es kulturelle Stereotypen voraussetzen«, sagt der Psychologe John Bowlby. Im Erwachsenenleben ist eine »in gesundem Sinne selbständige Person« in der Lage, sich auf andere zu stützen, »wenn die Situation es erfordert«.[2] In Liebesbeziehungen, in der Familie oder Freundschaft bedeutet die Angst vor Abhängigkeit das Fehlen von Vertrauen; statt dessen herrschen die defensiven Reaktionen.

In vielen Gesellschaften verbindet sich mit der öffentlichen Erfahrung von Abhängigkeit denn auch wenig oder keine Scham. Der römische Klient antiker Zeit bat seinen Patron mit Selbstverständlichkeit um Gunstbezeugungen und Hilfe, und der Patron verlor das Gesicht, wenn er sich nicht um die ihm Anvertrauten kümmern konnte. Louis Dumont und Takeo Doi haben dokumentiert, daß in japanischen und indischen Gesellschaften Abhängigkeit keineswegs mit Selbsterniedrigung einherging.[3] Im Frühkapitalismus legte, wie Albert Hirschman nachgewiesen hat, die offene Anerkennung gegenseitiger Abhängigkeit den Grund für vertrauensvolle langfristige Geschäftsbeziehungen. Das ist noch nicht dasselbe wie eine ehrenhafte Beziehung zwischen stark und schwach, aber immerhin liegt darin die Anerkennung der Tatsache, daß man allein nicht in der Lage ist zu überleben. Jacques Savary, der Autor des *Le parfait négotiant* aus dem 17. Jahrhundert, erklärte, die göttliche Vorsehung wolle, »daß Menschen miteinander handelten und daß auf die Weise das wechselseitige Bedürfnis, einander zu helfen, Bindungen der Freundschaft zwischen ihnen schuf«.[4] Und wenn Händler dieses wechselseitige Bedürfnis eingestanden, schrieb Montesquieu ein Jahrhundert später, »schleift der Handel barbarische Sitten ab und mäßigt sie«.[5]

Natürlich beherrscht das wechselseitige Bedürfnis auch die modernen Geschäftsbeziehungen. Wenn es kein Bedürfnis gibt, existiert auch kein Austausch von Waren oder Leistungen. Und für die meisten Menschen ist dieses Bedürfnis nach wie vor ungleich, da sie auch auf dem modernen Arbeitsmarkt für jemand anderen arbeiten. Die neue Ordnung hat dieses *factum brutum* der Abhängigkeit nicht ausgelöscht. Der Anteil der Menschen, die in den Vereinigten Staaten nur für sich selbst arbeiten, also selbständig sind, hat sich in den letzten vierzig Jahren hartnäckig bei 8,5% gehalten.

Ein klares Scheitern ist die persönliche Erfahrung, die die meisten Leute dazu bringt, ihr Angewiesensein auf andere anzuerkennen. Was an der Erfahrung der IBM-Programmierer am meisten ins Auge fällt, ist die Tatsache, daß sie schließlich von ihrem Scheitern ohne Scham oder Schuldgefühl sprechen konnten. Aber die Voraussetzung dafür war, daß andere dieses Schicksal mit ihnen teilten, daß sie nicht allein waren. Auf diese Weise kamen sie einander näher. Ihre Leistung – und das ist genau das richtige Wort – liegt darin, zu einem Zustand zu gelangen, in dem sie sich weder ihrer Bedürfnisse noch ihres eigenen Versagens schämten.

Ich kann mir durchaus vorstellen, daß diese positive Sicht der eigenen Grenzen und des wechselseitigen Bedürfnisses mehr in den Bereich religiöser Ethik zu gehören scheint als in den der Politökonomie. Aber die Scham über Abhängigkeit hat eine praktische Konsequenz. Sie untergräbt das gegenseitige Vertrauen und die Verpflichtung auf ein gemeinsames Ziel, und das Fehlen dieser sozialen Bindungen bedroht die Funktion jeder kollektiven Unternehmung.

Die Erschütterung von Vertrauen nimmt zwei Formen an; in der einen fehlt das Vertrauen einfach, in der anderen gibt es ein verschärftes Mißtrauen anderen gegenüber. Wenn Menschen sich ihrer eigenen Bedürfnisse und ihrer Abhängigkeit schämen, fallen sie oft der zweiten Form zum Opfer. Ihr Mißtrauen gegen andere wächst.

Vertrauen entwickelt sich, wie wir gesehen haben, formlos in den Nischen und Spalten von Bürokratien, wenn Menschen merken, auf wen sie sich verlassen können. Solches Vertrauen wird auf eine Probe gestellt, wenn etwas schiefgeht und man Hilfe braucht. Einer der Gründe, warum die Bäcker in Boston nur solch schwache Solidarität füreinander empfinden, liegt in ihrer Unfähigkeit, die Maschinen zu reparieren, wenn sie nicht richtig funktionieren. Die Bäcker glauben nicht daran, daß sie sich im Moment einer Krise aufeinander verlassen können, und damit haben sie recht. Niemand versteht, wie die Maschinen funktionieren; aufgrund der Gleitzeit gibt es bei den Angestellten ein ständiges Kommen und Gehen – sie haben noch andere Jobs und andere Verantwortungen. Sie stehen einander nicht mißtrauisch gegenüber, aber sie haben auch kein Vertrauen zueinander. Dafür gibt es keine Basis.

Das Fehlen von Vertrauen kann auch durch die flexible Ausübung von Macht entstehen. Während der Jahre der Verschlankung und Umstrukturierung des Konzerns vermittelte IBM, wie Anthony Sampson beobachtet hat, seinen verbleibenden Angestellten kein Vertrauen mehr. Ihnen wurde mitgeteilt, daß sie nun auf sich selbst gestellt seien, nicht mehr die Kinder der großen Firma. Das war eine machtvolle, aber widersprüchliche Botschaft: Wir müssen in der Krise zusammenhalten, aber auf der anderen Seite müßt ihr selbst für euch sorgen. Wenn ihr nicht selbständig genug dafür seid, kommen wir ohne euch aus.

Wenn Menschen sich schämen, weil sie es alleine nicht schaffen, entwickeln sie Mißtrauen gegen andere. Man nehme

Roses tiefe Ambivalenz gegenüber den jungen Frauen in ihrer Werbeagentur. »Uptown« zu arbeiten irritierte sie in vieler Hinsicht. Sie fühlte sich zu alt, falsch gekleidet, selbst die Form ihrer Brille störte sie plötzlich. Aber es war nicht nur ihr Aussehen, sie schämte sich auch, weil sie die jüngeren Frauen brauchte, um ihre Selbstsicherheit wiederzufinden. Wenn die ihr aber Mut zusprachen, glaubte sie ihnen nicht. In den Monaten der Gespräche mit ihr kam sie immer wieder auf die »herablassende Haltung« dieser jungen Frauen zurück. Die Frage, ob sie ihnen wirklich trauen konnte, quälte sie viel mehr als ihre Probleme mit dem »Kopf« ihrer Gruppe, einem glatten jungen Mann, den sie nur als Witzfigur sehen konnte.

Der eisige Ton, in dem gegenwärtig über Fragen des Wohlfahrtsstaates, über Sozialhilfe und Sicherheitsnetze diskutiert wird, hat viel mit verletztem Stolz dieser Art zu tun. Auf der einen Seite stehen die Andeutungen von gesellschaftlichem Parasitismus, auf der anderen die Wut der Erniedrigten. Je mehr man sich seiner Abhängigkeit schämt, desto näher liegt einem dieser Zorn der Hilflosigkeit. Zum Vertrauen zu anderen zurückzufinden, ist ein reflexiver Akt; er fordert vor allem, die Furcht vor Verletzung in einem selbst zu überwinden. Organisationen, die Unabhängigkeit und Autonomie feiern, die ihre Angestellten zu mehr Selbständigkeit ermutigen, könnten sich über die Folgen täuschen. Weit davon entfernt, die Angestellten zu inspirieren, kann das auch die Verletzlichkeit der Menschen erhöhen. Und soziale Strukturen, die mit dem Angewiesensein auf andere in Krisen nicht positiv umgehen, schaffen in den Menschen nur das neutrale, leere Fehlen jeden Vertrauens.

Vertrauen, Verantwortung füreinander, Verpflichtung auf ein gemeinsames Ziel – dies sind alles Begriffe, die man im Laufe der Zeit mit dem sogenannten »Kommunitarismus« verbunden hat. Diese Bewegung möchte moralische Standards verstärken und Mitmenschlichkeit und Selbstlosigkeit fördern. Sie verspricht, daß Menschen, die diesen Tugenden folgen, eine Kraft und emotionale Erfüllung finden werden, die sie als isolierte Individuen nicht erfahren können. Aber in meinen Augen hat der Kommunitarismus nur einen sehr zweifelhaften Anspruch auf solche Begriffe wie Vertrauen und Verpflichtung; er betont zu unrecht die Einheit als Quelle der Kraft in einer Gemeinde und reduziert den Konflikt auf eine bloße Bedrohung der sozialen Bindungen in einer Gesellschaft.

Ein realistischerer Blick darauf, was Gemeinschaften zusammenhält, findet sich in Lewis Cosers klassischem Essay unter dem Titel *The Social Functions of Conflict.*[6] Coser argumentiert, daß Menschen durch verbale Konflikte eher zusammengehalten werden als durch verbale Übereinstimmung. Im Konfliktfall sind sie zu gründlicherer Kommunikation gezwungen, um die Differenzen auszutragen. Wie es häufig in Arbeitskonflikten oder bei diplomatischen Verhandlungen geschieht, binden die grundsätzlichen Regeln der Auseinandersetzung die streitenden Parteien aneinander. Coser stellt fest, daß die Differenzen oft sogar betont und schärfer gesehen werden, bevor die Parteien schließlich zu einer Einigung kommen. Der Schauplatz des Konflikts wird in dem Sinne zu einer Gemeinschaft, als die Beteiligten es lernen, einander zuzuhören und aufeinander einzugehen, obwohl sie ihre Differenzen sogar noch deutlicher empfinden.

Das ist eine Sicht des kommunalen »Wir«, die viel tiefer

geht als das oft oberflächliche Teilen gemeinsamer Werte, wie es im modernen Kommunitarismus erscheint oder auch in Ricos statischen Erklärungen von Familienwerten. Und sie steht den defensiven Erklärungen gemeinschaftlicher Solidarität fern, die heute die generelle Reaktion auf ökonomische Verschiebungen darstellt. In Cosers Augen gibt es keine Gemeinschaft, solange die Differenzen in ihr nicht anerkannt sind. Das heißt, daß er die Gemeinschaft als einen Prozeß versteht, in dem im Laufe der Zeit die Differenzen ihrer Mitglieder verarbeitet werden. Rico hat buchstäblich zuwenig Zeit gehabt, um an den verschiedenen Orten, wo er gelebt hat, eine Gemeinschaft dieser Art zu erfahren.

Postmoderne Auffassungen des Ich, wie zum Beispiel die Salman Rushdies, betonen Bruch und Konflikt, aber nicht die Kommunikation zwischen den fragmentierten Teilen des Ich. Die Sicht der Gemeinschaft als Prozeß wird eher in neueren politischen Studien einer »deliberativen Demokratie« reflektiert, etwa von Amy Gutmann und Dennis Thompson, nach denen der sich allmählich entfaltende Ausdruck der Uneinigkeit die Menschen mehr aneinander bindet als die bloße Erklärung »korrekter Prinzipien«.[7] Der Prozeß des gemeinschaftlich verarbeiteten Konflikts bildet das ab, was in der sozialen Psychologie kognitive Dissonanz und konzentrierte Aufmerksamkeit heißt. Und in dieser Sicht der Gemeinschaft spiegelt sich seltsamerweise ein Aspekt von Adam Smiths Angriff auf die Routine und seiner Feier der Sympathie. Routine ist eine repetitive Handlung, die deshalb keine Geschichte hat, keine Evolution. Die Sympathie dagegen ist das plötzliche Verständnis einer anderen Person, das, wie Smith sagt, nicht sofort erfolgt, sondern erst nach einer langen Periode des Widerstands oder des Mißverständnisses.

Das Verständnis der Gemeinschaft als Prozeß, der sich im Laufe der Zeit entfaltet, erschien zuerst in Diderots *Encyclopédie*, obwohl die Fabrik L'Anglée nicht besonders konfliktreich war. Diderots Auffassung von den Zeitrhythmen, später von Anthony Giddens Schriften über die Entwicklung von Gewohnheiten bekräftigt, betonte die allmähliche Evolution als zivilisierte Form der Veränderung. Die Soziologen des Disputs und der Konfrontation glauben nicht, daß ein durchgehaltener verbaler Konflikt unzivilisiert ist; ganz im Gegenteil bildet er eine realistischere Basis für die Bindungen innerhalb einer Gemeinschaft.

Aus diesem Grund könnte es logisch erscheinen, daß das flexible Regime der Gegenwart gerade eine solche konflikterfüllte Gemeinschaft inspirieren könnte. Die Zeitbrüche, die soziale Desorganisation der neuen Wirtschaftsordnung sollten die Menschen eigentlich dazu bringen, ihre Differenzen zu artikulieren und auszutragen, statt sich auf einen oberflächlichen Frieden einzulassen. Selbst wenn die Vorgesetzten versuchen, solch einer Konfrontation aus dem Wege zu gehen, müßten die Untergebenen, wie sie von Harley Shaiken und Laurie Graham analysiert wurden, sie eigentlich anstreben.

Sozial und politisch ist nicht schwer zu sehen, warum eine Gemeinschaft dieser Art nicht entstehen kann. Jene, die die Macht haben, der Verantwortung auszuweichen, haben auch die Mittel, jeden Widerspruch zu ersticken. Sie tun das, indem sie die Macht der »Stimme« der älteren Mitarbeiter, wie Albert Hirschman das nennt, unterdrücken. Sie verwandeln die Stimme der Erfahrung in ein negatives Zeichen des Alterns. Diejenigen, die protestieren, erscheinen als die, die wollen, daß es bleibt, wie es immer war. Wie der »Dienst« kann auch die »Stimme« zum Stigma übermäßiger Abhängigkeit gemacht werden, statt zu einem Beitrag zur Gemeinschaft.

Und so kehren wir am Schluß dahin zurück, wo wir angefangen haben, zur Frage des Charakters. Warum haben einige Leute die Sehnsucht nach einer »Stimme«, warum bestehen sie hartnäckig auf Diskussion und Nachfrage? Die Entschiedenheit, mit der sie sich engagieren, kann nicht einfach auf Auflehnung gegen eine Institution oder auch Loyalität für eine Institution reduziert werden. Sie ist auch eine Frage des Charakters.

Einige französische Philosophen haben den Versuch unternommen, das Engagement des einzelnen durch eine Unterscheidung zwischen dem *mantient de soi*, der Aufrechterhaltung des Ich, und der *constance à soi*, der Treue zu sich selbst, zu definieren. Die erste erhält die eigene Identität aufrecht, die zweite beschwört Tugenden wie Selbstkritik und Ehrlichkeit gegen sich selbst und die eigenen Schwächen. Die Aufrechterhaltung des Ich ist eine Aktivität auf ständig sich wandelndem Grund, da sich die Bedingungen ändern und man an Erfahrung gewinnt. Treue zu sich selbst aber heißt, im wesentlichen derselbe zu bleiben, egal, wo man ist oder wie alt man ist.

Emmanuel Levinas hat aber auch versucht nachzuweisen, daß *constance à soi* eine soziale Dimension besitzt, in dem Sinne, daß man anderen Menschen verantwortlich ist. Das ist eine zugleich sehr einfache und sehr komplizierte Idee. Einfach, weil sie behauptet, daß mein Selbstwert davon abhängt, ob andere sich auf mich verlassen können. Kompliziert, weil ich verantwortungsvoll handeln muß, selbst wenn ich mir meiner nicht gewiß bin und egal, wie verwirrt oder gar zerstört mein eigenes Identitätsgefühl ist.[8] Für Levinas ist das keine Abstraktion. Während des Zweiten Weltkrieges erlebte er, wie Tausende von französischen Juden darum rangen, angesichts der Bedrohung durch die Verfolgung der Nazis und des Vichy-Regimes einander verläßlich zu helfen, obwohl die meisten davor niemals eine starke gemeinsame Identität als Juden geteilt hatten.

Levinas' Gedanke der Verantwortlichkeit und Selbsttreue wurde von dem Philosophen Paul Ricoeur weiterentwickelt: »Weil jemand auf mich zählt«, schrieb er, »bin ich vor einem anderen für meine Handlungen verantwortlich.«[9] Gleichgültig wie erratisch das Leben sein mag, auf das Wort eines Menschen muß man zählen können. Aber, argumentiert Ricoeur, man kann diesem Standard nur gerecht werden, wenn man sich ständig vorstellt, daß es für alles, was wir sagen und tun, einen Zeugen gibt, und daß darüber hinaus dieser Zeuge kein passiver Beobachter ist, sondern jemand, der sich auf uns verläßt. Um verläßlich zu sein, muß man das Gefühl haben, gebraucht zu werden. Um das Gefühl zu haben, gebraucht zu werden, muß dieser andere auf uns angewiesen sein.

»Wer braucht mich?« ist eine Frage, die der moderne Kapitalismus völlig zu negieren scheint. Das System strahlt Gleichgültigkeit aus. Es tut dies bei den Ergebnissen menschlichen Strebens ebenso wie auf den Märkten des Alles oder Nichts, wo es kaum noch eine Verbindung zwischen Risiko und Belohnung gibt. Der Gewinner bekommt alles. Es strahlt in der Organisation der Wirtschaft Gleichgültigkeit aus, wo das Fehlen von Vertrauen keine Rolle mehr spielt, wo Menschen behandelt werden, als wären sie problemlos ersetzbar oder überflüssig. Solche Praktiken vermindern für alle sichtbar und brutal das Gefühl persönlicher Bedeutung, das Gefühl, für andere notwendig zu sein.

Man könnte einwenden, daß der Kapitalismus immer so war. Aber nicht in dieser Weise. Die Gleichgültigkeit des alten klassengebundenen Kapitalismus war grob materiell; die Indifferenz, die der flexible Kapitalismus ausstrahlt, ist persönlicher, weil das System selbst weniger definiert ist, in seiner Form weniger lesbar. Enrico wußte, wo er stand; die alten griechischen Bäcker hatten ein klares Bild, ob nun richtig oder falsch, von ihren Freunden und Feinden. Es war eine Gewohnheit des Marxismus, Verwirrung als falsches Bewußtsein darzustellen; in unseren Umständen ist das eine präzise Widerspiegelung der Realität. Daher rührt auch die persönliche Verwirrung angesichts der Frage: Wer in dieser Gesellschaft braucht mich?

Apathie ist die logische Reaktion auf das Gefühl, nicht gebraucht zu werden. Und das trifft auf flexible Arbeitsmärkte ebenso zu wie auf solche, die Mitarbeiter mittleren Alters freisetzen. Netzwerke und Teams schwächen den Charakter – wie Horaz zuerst geschrieben hat, denn der Charakter braucht die reale Verbindung zur Welt, er will von anderen gebraucht werden. Und wiederum ist es schwierig, sich in Konflikten zu engagieren, wenn die Gegenseite – wie jener A. T. T.-Manager – erklärt: »Wir sind alle Opfer der Zeit und des Ortes.« Der Andere fehlt, und deshalb gibt es keinen Kontakt. Reale Verbindungen mit anderen in schwierigen Streitfragen werden durch Kommunitarismus und moralischen Protektionismus nur noch weiter eingeschränkt – durch jene klaren Affirmationen verbindlicher Werte, durch das Teamwork-»Wir« einer flachen Gemeinschaft.

Der Philosoph Hans-Georg Gadamer hat geschrieben: »Das Selbst, das wir sind, besitzt sich nicht selbst. Eher könnte man sagen, daß es sich geschieht«.[10] Es ist, schreibt er, den

Zufällen der Zeit und den Fragmenten der Geschichte unterworfen. »Die Selbstbesinnung des Individuums ist nur ein Flackern im geschlossenen Stromkreis des geschichtlichen Lebens.«[11] Dies ist das Problem des Charakters im modernen Kapitalismus. Es gibt eine Geschichte, aber keine gemeinsame Erzählung der Schwierigkeiten und daher kein geteiltes Schicksal.

Aber ich hatte in Davos, als ich den Herrschern des flexiblen Reiches zuhörte, so etwas wie eine Epiphanie. »Wir« ist für sie ein gefährliches Pronomen. Die Flexibilität, die sie feiern, liefert keine Anleitung, wie ein Leben zu führen sei, kann sie nicht liefern. Sie haben »Karrieren« im alten Sinn des Wortes abgeschafft – es gibt keine Pfade mehr, denen Menschen in ihrem Berufsleben folgen können. Sie müssen sich wie auf fremdem Territorium bewegen. Als ich in die Konferenzsäle hinein- und wieder aus ihnen herauswanderte, mich zwischen den Limousinen und Polizeifahrzeugen in den steilen Straßen des Bergdorfes hindurchschlängelte, schien mir, daß diese neue Ordnung zumindest ihre gegenwärtige Faszination für die Vorstellungen und Gefühle der Leute da unten verlieren könnte. Ich habe aus der bitteren, radikalen Vergangenheit meiner Familie gelernt, daß Veränderung, wenn sie kommt, sich in Kleinen entwickelt, örtlich, schrittweise in den Gemeinden und nicht durch Massenerhebungen. Ein Regime, daß Menschen keinen tiefen Grund gibt, sich umeinander zu kümmern, kann seine Legitimität nicht lange aufrechterhalten.

Anmerkungen

KAPITEL I

1 Zitiert in der *New York Times*, 13. 2. 1996, S. D1, D6.

2 Unternehmen wie Manpower und Kelly Services wuchsen von 1985 bis 1995 um 240 %. Zum Zeitpunkt dieser Niederschrift ist Manpower mit 600000 Arbeitskräften der größte Arbeitgeber der USA, verglichen mit den 400000 bei General Motors und den 350000 bei IBM.

3 James Champy, *Re-Engineering Management*. New York: HarperBusiness, 1995; S. 119, S. 39–40.

4 Walter Powell und Laurel Smith-Doerr, »Networks and Economic Life«, in: *The Handbook of Economic Sociology*. Hg. v. Neil Smelser and Richard Swedberg. Princeton: Princeton University Press, 1994; S. 381.

5 Powell, *op. cit.*, S. 381.

6 Mark Granovetter, »The Strength of Weak Ties«, *American Journal of Sociology*, 78, 1993, S. 1360–1380.

7 John Kotter, *The New Rules*. New York: Dutton, 1995; S. 81, S. 159.

8 Anthony Sampson, *Company Man*. New York: Random House, 1995; S. 226–227.

9 Zitiert nach Ray Pahl, *After Success: Fin de siècle Anxiety and Identity*. Cambridge: Polity Press, 1995. »The Complaint« wird auf S. 164 zitiert, »Regiment of Princes« auf S. 163.

1 Die Geschichte dieser Illustrationen spiegelt das übliche Durcheinander des Verlagswesens im 18. Jahrhundert. Diderot und sein Mitherausgeber d'Alembert stahlen viele von älteren Künstlern wie Réamur oder von Zeitgenossen wie Patte. Andere, anonyme Kupferstecher, die für Diderot arbeiteten, waren technisch nicht auf dem neuesten Stand; die Bilder über den französischen Bergbau illustrieren z. B. Techniken, die in England bereits überholt waren. Auch die Verfasser der technischen Artikel waren nicht unbedingt weitsichtiger; der Artikel über Stahlschmieden preist den Fortschritt des »Verhüttens« in einer Epoche vor dem Gebrauch von Koks oder dem Einsatz der Dampfmaschine. In ihren besten Momenten verbreiten sie jedoch Hoffnung auf die Zukunft und brechen mit der Starrheit der Vergangenheit. Vgl. John Lough, *The Encyclopédie*. New York: McKay, 1971; S. 85–90.

2 Herbert Applebaum, *The Concept of Work*. Albany: State University of New York Press, 1992; S. 340.

3 Applebaum, *op. cit.*, S. 379.

4 Adam Smith: *Der Wohlstand der Nationen*. Aus dem Englischen v. H. C. Recktenwald. München: C. H. Beck, 1974; Buch I, S. 10.

5 Smith, *op. cit.*, Buch V, S. 662.

6 Ebenda.

7 Thomas Jefferson, *Jefferson Writings*, hg. v. Merrill D. Peterson. New York: Library of America, 1984; S. 346.

8 James Madison, »Memorial and Remonstrance against Religious Assessments«, zitiert in: Marvin Meyers, Hg., *The Mind of the Founder*, Hanover/New Hampshire: University Press of New England, 1981; S. 7.

9 Vgl. die hervorragende Diskussion bei Barbara Adam, *Time and Social Theory*. Cambridge: Polity Press, 1990; S. 112–113.

10 E. P. Thompson, »Time, Work-discipline, and Industrial Capitalism«, *Past and Present*, 36 (1967), S. 61.

11 Stephen Meyer, *The Five-Dollar Day: Labor Management and Social Control in the Ford Motor Company* 1908–1921. Albany: State University of New York Press, 1981; S. 12.

12 Zitiert nach David Montgomery, *Workers' Control in America: Stu-*

dies in the History of Work Technology and Labor Struggles.* Cambridge: Cambridge University Press, 1979; S. 118.

13 Frederick W. Taylor, *The Principles of Scientific Management.* New York: W. W. Norton, 1967.

14 David F. Nobel, *Forces Of Production: A Social History of Industrial Automation.* New York: Alfred A. Knopf, 1984; S. 37.

15 Daniel Bell, »Work and Its Discontents« [1956], in: *The End of Ideology.* Cambridge/Mass.: Harvard University Press, 1988; S. 230.

16 Max Weber, *Wirtschaft und Gesellschaft.* Hg. v. J. Winckelmann. Tübingen: Mohr, 5. rev. Auflage 1976; II, S. 686.

17 Bell, *op. cit.*, S. 235.

18 Bell, *op. cit.*, S. 233.

19 Vgl. Anthony Giddens, *Die Konstitution der Gesellschaft: Grundzüge einer Theorie der Strukturierung.* Frankfurt/M.: Campus, 1988.

KAPITEL 3

1 John Locke, *Essay Concerning Human Understanding*, Hg. A. C. Fraser. New York: Dover, 1959; I, S. 458–459; David Hume, »The Treatise of Human Nature«, in: *The Philosophy of David Hume,* Hg. V. C. Chappell. New York: Modern Library, 1963, S. 176.

2 Vgl. Edmund Leach, »Two Essays Concerning the Symbolic Representation of Time«, in: Leach, *Rethinking Anthropology.* London: Athlone,1968; S. 124-136.

3 Michael Hammer und James Champy, *Re-engineering the Corporation.* New York: Harper Business, 1993; S. 6.

4 Erik K. Clemons, »Using Scenario Analysis to Manage the Strategic Risks of Re-engineering«, in: *Sloan Management Review*, 36, 4, Sommer 1995. Cambridge/Mass.: M. I. T. Press, 1995; S. 62.

5 Vgl. Scott Lash und John Urry, *The End of Organized Capitalism.* Madison: University of Wisconsin Press, 1987; S. 196–231.

6 Beide Ergebnisse zitiert in: Eileen Applebaum und Rosemary Batt, *The New American Workplace.* Ithaca: Cornell University Press, 1994; S. 23.

7 Bennett Harrison, *Lean and Mean: The Changing Landscape of Corporate Power in an Age of Flexibility*. New York: Basic Books, 1994; S. 72–73.

8 Michael J. Piore und Charles F. Sable, *The Second Industrial Divide: Possibilities for Prosperity*. New York: Basic Books, 1984; S. 17.

9 Deborah Morales, *Flexible Production: Restructuring the International Automobile Industry*. Cambridge: Polity Press, 1994; S. 6.

10 Vgl. Michel Albert, *Kapitalismus contra Kapitalismus*. Frankfurt/M.: Campus, 1992.

11 Ruud Lubbers, »Globalization and the Third Way«, Vortrag beim Demokratieforum der Bertelsmann-Stiftung, München, 2. Oktober, 1997.

12 Simon Head, »The New Ruthless Economy«, in: *The New York Review of Books*, 29. 2. 1996, S. 47. Ich bin diesem hervorragenden Aufsatz für seine klare Darstellung der Einkommensungleichheit sehr verpflichtet.

13 Paul Krugman, »The Right, The Rich, and the Facts«, in: *The American Prospect,* 11, Herbst 1992, S. 19–31.

14 anon., *The Economist*, 5. 11. 1994, S. 19.

15 Robert Reich, »The Revolt of the Anxious Class«, Rede vor dem Democratic Leadership Council, 22. 11. 1994, S. 3. Alan Greenspan, zitiert nach dem *Wallstreet Journal*, 20. 7. 1995, S. 4/5.

16 Vgl. anon., »Making Companies Efficient«, in: *The Economist*, 21.12.1996, S. 97.

17 Bennett Harrison, *op. cit.,* S. 47.

18 Beschäftigungsdaten nach Manuel Castells, *The Network Society*. Oxford: Blackwell, 1997, Bd. 1, S. 162–163; Daten über Geschlecht und Einkommen nach David Card, »Trends in the Level and Inequality of Wages and Incomes in the United States«, Council on Works.

19 Vgl. Lotte Baylin, *Breaking the Mold: Men, Women, and Time in the New Workplace*. New York: Free Press, 1993.

20 Vgl. Genevieve Capowski, »The Joy of Flex«, in: *Management Review*, März 1996, S. 12–18.

21 Jeremy Rifkin, *The End of Work*. New York: Putnam, 1995.

KAPITEL 4

1 Katherine Newman, *Falling from Grace: The Experience of Downward Mobility in the American Middle Class*. New York: Free Press, 1988; S. 93–94.

2 Stanley Aronowitz und William DiFazio, *The Jobless Future*. Minneapolis: University of Minnesota Press, 1994; S. 110.

3 Sherry Turkle, *Life on the Screen*. New York: Simon and Schuster, 1995, 64 (erster Satz), Anm. 20, S. 281 (zweiter Satz).

4 Zitiert in Turkle, »Seeing Through Computers«, in: *The American Prospect*, 31, März/April 1997, S. 81.

5 Turkle, *op. cit.*, S. 82.

KAPITEL 5

1 Ulrich Beck, *Risikogesellschaft. Auf dem Weg in eine andere Moderne*. Frankfurt/M.: Suhrkamp, 1986; S. 25.

2 Vgl. Robert Johansen und Rob Swigart, *Upsizing the Individual in the Downsized Company*. Reading/Mass.: Addison-Wesley, 1994; S. 137.

3 Richard Sennett, *Verfall und Ende des öffentlichen Lebens. Die Tyrannei der Intimität*. Frankfurt/M.: S. Fischer, 1983; S. 102–103.

4 Zitiert nach: Peter Bernstein, *Against the Gods: The Remarkable Story of Risk*. New York: Wiley, 1996; S. 119.

5 John Maynard Keynes, *A Treatise on Probability*. London: Macmillan, 1921; S. 3–4.

6 Amos Tversky, »The Psychology of Risk«, in: William Sharpe, Hg., *Quantifying the Market Risk Premium Phenomenon for Investment Decision Making*. Charlottesville: The Institute of Chartered Financial Analysts, 1990; S. 75.

7 Vgl. Daniel Kahneman und Amos Tversky, »Prospect Theory: An Analysis of Decision under Risk«, in: *Econometrica*, 47, 2, 1979, S. 263–291.

8 Bernstein, *op. cit.*, S. 272.

9 Vgl. Ronald Burt, *Structural Holes: The Social Structure of Competition*. Cambridge/Mass.: Harvard University Press, 1992; und als

Kontrast: James Coleman, »Social Capital in the Creation of Human Capital«, in: *American Journal of Sociology*, 94, 1988, S. 95-120.

10 Manuel Castells, *The Network Society.* Oxford: Blackwell, 1996; I, S. 219–220.

11 Vgl. Lash und Urry, *op. cit.*, Kap. IV.

12 Rosabeth Moss Kanter, *When Giants Dance.* New York: Simon and Schuster, 1989.

13 Bureau of Labor Statistics, *Monthly Labor Review,* 115, 7. 7. 1992. Washington/D.C.: United States Printing Office, 1992; S. 7.

14 Paul Krugman, zitiert nach der *New York Times*, 16. 2. 1997 (National Edition), Teil 3, S. 10.

15 Felix Rohatyn, »Requiem for a Democrat«, Rede an der Wake Forest University, 17.3.1995.

16 Michael Young, *Meritocracy*. Harmondsworth: Penguin, 1971.

17 Vgl. Robert Frank und Philip Cook, *The Winner-Take-All Society*. New York: Free Press, 1995.

18 Frank und Cook, *op. cit.*, S. 101.

19 Smith, *Wohlstand der Nationen*, I, S. 93.

20 Gregory Bateson, *Steps to an Ecology of Mind*. San Francisco: Chandler, 1972. Leon Festinger, *Theorie der kognitiven Dissonanz.* Bern/Stuttgart/Wien: Huber, 1978. Richard Sennett, *The Uses of Disorder*. New York: Norton, 1992.

21 Vgl. Anne Marie Guillemard, »Travailleurs viellissants et marché du travail en Europe«, in: *Travail et emploi*, Sept. 1993, S. 60–79. Ich danke Manuel Castells für das Diagramm, das diese Daten enthielt.

22 Castells, *Network Society*, Bd. 1, S. 443.

23 Zitiert bei Newman, *Falling from Grace,* S. 70.

24 Newman, *op. cit.*, S. 65.

25 Vgl. Albert O. Hirschman, *Exit, Voice, and Loyalty.* Cambridge/Mass.: Harvard University Press, 1970.

26 Vgl. Jon Clarke, Ian McLoughlin, Howard Rose und Robin King, *The Process of Technological Change*. Cambridge: Cambridge University Press, 1988.

27 *The Downsizing of America.* New York: Times Books, 1996; S. 7–8. (Sammlung von Artikeln in der *New York Times*).

KAPITEL 6

1 Oscar Wilde, *Das Bildnis des Dorian Gray*. Vorwort der englischen Ausgabe, Penguin: London 1984, S. 6.
2 Hesiod, *Werke und Tage*, Zl. 410–413, in: *Theogonie. Werke und Tage*. Hg. u. übersetzt v. Albert von Schirnding. München: Artemis & Winkler, 1991.
3 Hesiod, *op. cit.*, Zl. 176–178.
4 Vergil, *Georgica*, I, Zl. 318 ff., zitiert nach: Vergil, *Landleben. Catalepton – Bucolica – Georgica*. Hg. v. Johannes und Maria Götte. Zürich: Artemis & Winkler, 1995.
5 Vergil, *Georgica*, II, Zl. 497 ff.
6 Pico della Mirandola, *De hominis dignitate./Über die Würde des Menschen*. Übers. v. Norbert Baumgarten. Hg. u. eingeleitet v. August Buck. Hamburg: Meiner, 1990; S. 11.
7 Pico della Mirandola, *op. cit.*, S. 7.
8 Pico della Mirandola, *op. cit.*, S. 47.
9 Augustinus und Bischof Tyndale zitiert nach: Stephen Greenblatt, *Renaissance Self-Fashioning*. Chicago: University of Chicago Press, 1980; S. 2.
10 Meine Lesart Luthers basiert auf dem hervorragenden Kommentar von Jaroslav Pelikan, *The Christian Tradition.*, IV: *Reformation of Church and Dogma*. Chicago: University of Chicago Press, 1984; S. 127–167.
11 Martin Luther, 30. Ablaßthese (1517), *Luther Deutsch*. Hg. v. Kurt Aland. Stuttgart: Klotz/Göttingen: Vandenhoeck & Ruprecht, 1962; II, S. 52.
12 Vgl. Michel Foucault, *Überwachen und Strafen*. Frankfurt/M.: Suhrkamp, 1976.
13 United States Department of Labor, *What Work Requires of Schools: A SCANS Report for America* 2000. Washington/D.C., 1991.
14 Charles N. Darrah, *Learning and Working: an Exploration in Industrial Ethnography*. New York: Garland Publishing, 1996; S. 27.
15 Darrah, *op. cit.*, S. 27.
16 Laurie Graham, *On the Line at Subaru-Isuzu*. Ithaca: Cornell University Press, 1995; S. 108.

17 Graham, *op. cit.*, S. 106 ff.

18 Gideon Kunda, *Engineering Culture: Control and Commitment in a High-Tech Corporation*. Philadelphia: Temple University Press, 1992; S. 156.

19 Darrah, *op. cit.*, S. 167.

20 Graham, *op. cit.*, S. 116.

21 Applebaum und Batt, *op. cit.*, S. 22.

22 Hammer und Champy, *op. cit.*, S.127.

23 Zitiert in der *New York Times*, 13. 2. 1996, S. D1, D6.

24 Harley Shaiken, *Impact of New Technologies on Employees and their Organisation*, Berlin: Internat. Inst. für Vergl. Gesellschaftsforschung, Wissenschaftszentrum Berlin, 1979.

25 Richard Rorty, *Kontingenz, Ironie und Solidarität*. Frankfurt/M.: Suhrkamp, 1992, S. 12.

26 Rorty, *op. cit.*, S. 156.

27 Rorty, *op. cit.*, S. 155.

KAPITEL 7

1 Walter Lippmann, *Drift and Mastery*. New York: Mitchell Kennerly, 1914; S. xvi.

2 Lippmann, *op. cit.*, S. 196, S. 211.

3 Vgl. Edward P. Thompson, *Die Entstehung der englischen Arbeiterklasse*. Frankfurt/M.: Suhrkamp, 1980.

4 Olivier Zunz, *Making America Corporate*, 1870–1920. New York: Oxford University Press, 1990.

5 Zu den Immigranten in New York vgl. Henry James, *The American Scene*. [1907] Hg. v. Leon Edel. London: Hart-Davis, 1968.

6 Lippmann, *op. cit.*, S. 267.

7 Lippmann, *op. cit.*, S. 269.

8 Der beste Abriß der Firmengeschichte von IBM ist zur Zeit: Paul Carroll, *Big Blues: The Unmaking of IBM*. New York: Crown Paperbacks, 1993.

9 Richard T. DeLamarter, *Big Blue: IBM's Use and Abuse of Power*. New York: Dodd, Mead, 1986; S. 3.

10 William Rodgers, *Think: A Biography of the Watsons and IBM*. New York: Stein and Day, 1969; S. 100.

11 Anthony Sampson, *Company Man*. New York: Random House, 1995; S. 224.

12 Sampson, *op. cit.*, S. 256.

13 Zitiert in der *New York Times*, 13. 2. 1996, S. D1, D6.

14 Michel Foucault, *Résumé des cours*, 1970–1982. Paris: Juillard, 1989; S. 123.

15 Jean-Jacques Rousseau, *Die Bekenntnisse*, München: dtv, 1978; Buch I, S. 19.

16 Rousseau, *op. cit.*, Buch III, S. 129.

17 Johann Wolfgang Goethe, *Dichtung und Wahrheit*. Hg. v. Klaus Detlef Müller. Frankfurt/M. Deutscher Klassiker Verlag, 1986; S. 852.

18 Newman, *op. cit.*, S. 93–94.

19 Friedrich Nietzsche, *Also sprach Zarathustra*, in: *Werke*. Hg. v. Karl Schlechta. München: Hanser, 1966; II, S. 394.

20 Salman Rushdie, *Imaginary Homelands: Essays and Criticism 1981–1991*. London: Granta Books, 1991; S.12.

21 Vgl. Zygmunt Bauman, *Postmoderne Ethik*. Hamburg: Hamburger Edition, 1995. Mark Taylor, *Disfiguring*. Chicago: University of Chicago Press, 1992.

22 William Mitchell, *City of Bits*. Cambridge/Mass.: M. I .T. Press, 1995; S. 28.

23 Sherry Turkle, *Life on the Screen*, S. 13.

24 Fredric Jameson, *Post-Modernism, Or the Cultural Logic of Late Capitalism*. Chapel Hill/N.C.: Duke University Press, 1991; S. 90.

KAPITEL 8

1 Vgl. Saskia Sassen, *The Global City: New York, London, Tokyo*. Princeton/N.J.: Princeton University Press, 1991.

2 John Bowlby, *Separation*. New York: Basic Books, 1973; S. 359.

3 Vgl. Louis Dumont, *Homo Hierarchicus*. Chicago: University Press of Chicago, 1980. Takeo Doi, *The Anatomy of Self*. Tokyo: Kodansha International, 1986.

4 Jacques Savary, *Le parfait négotiant*. Paris, 1675; 1713; S. 1.

5 Robert de Montesquieu, *Vom Geist der Gesetze*, Buch 20, Kap. 1. Eingeleitet, ausgewählt und herausgegeben von Kurt Weigand. Stuttgart: Reclam, 1965; S. 319.

6 Vgl. Lewis Coser, *The Social Functions of Conflict*. [1956] New York: Free Press, 1976.

7 Vgl. Amy Gutmann und Dennis Thompson, *Democracy and Disagreement*. Cambridge, Mass.: Harvard University Press, 1996.

8 Emmanuel Levinas, *Jenseits des Seins oder anders als Sein geschieht*. Freiburg/Br.: Alber, 1992; S. 210 ff.

9 Paul Ricoeur, *Soi-même comme un autre*. Paris: Édition du Seuil, 1990. S. 72–75.

10 Hans-Georg Gadamer, *Philosophie. Hermeneutik* (Kleine Schriften, Bd. I). Tübingen: J. C. B. Mohn, 1967; S. 78.

11 Ders., *Wahrheit und Methode. Grundzüge einer philosophischen Hermeneutik*. (Gesammelte Werke, Bd. 1). Tübingen: J. C. B. Mohn, 1986; S. 281.

Tabellen

Tabelle 1: Beschäftigung in ausgewählten Branchen mit Prognosen: 1979-2005

Branche	Beschäftigung			jährliches Wachstum (in 1000)	
	1979	1992	2005 Prog.*	1979 – 1992	1992 – 2005*
Gesamt	101.363	121.093	147.484	1,4	1,5
Industrie	21.040	18.040	17.523	- 1,2	- 0,2
Finanzen, Versicherungen und Immobilien	4.975	6.571	7.969	2,2	1,5
Personalvermittlung	508	1.649	2.581	9,5	3,5
Computer und Datenverarbeitung	271	831	1.626	9,0	5,3
Bundesbehörden	2.773	2.969	2.815	0,5	- 0,4
Behörden von Bundesstaaten und Gemeinden	13.174	15.683	19.206	1,4	1,6

* Annahmen auf der Grundlage moderaten Wachstums.

Quelle: U.S. Bureau of the Census, *Statistical Abstract of the United States:* 1995. (115. Aufl.) Washington/D.C., 1995, S. 417.

Tabelle 2: Einkommensunterschiede und Arbeitslosigkeit in den OECD-Staaten 1980-1995:

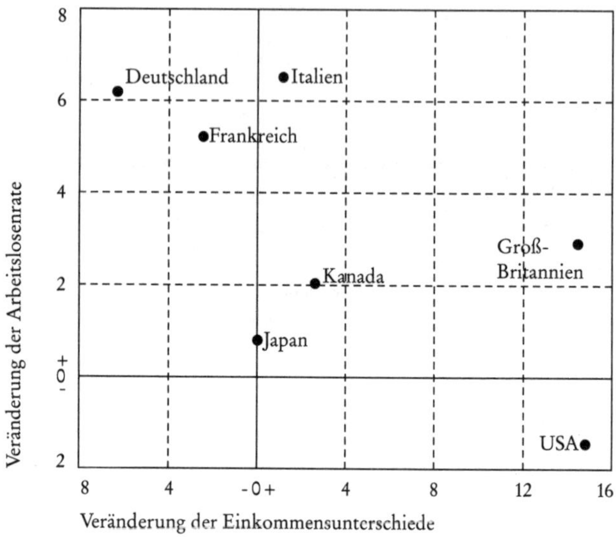

Quelle: OECD

Tabelle 3: Produktivitätszunahme in fünf Industriestaaten 1950-1986 in Prozent:

Zeitraum	Frankreich	Deutschland	Japan	Großbritannien	USA
Zunahme des Bruttoinlandsprodukts pro Arbeitnehmer					
1950–73	4,55	4,99	7,21	2,53	1,96
1973–79	2,65	2,78	2,87	1,30	0,03
1979–86	1,85	1,58	2,72	1,71	0,82
Zunahme des Bruttoinlandsprodukts pro Stunde, Gesamtwirtschaft					
1950–73	5,01	5,83	7,41	3,15	2,44
1973–79	3,83	3,91	3,40	2,18	0,80
1979–86	3,24	1,88	3,06	2,95	1,09
Zunahme des Bruttoinlandsprodukts pro Stunde, verarbeitendes Gewerbe					
1950–73	5,63	6,31	9,48	3,25	2,62
1973–79	4,90	4,22	5,39	0,83	1,37
1979–86	3,50	2,78	5,47	4,28	3,10

Quelle: Martin Neil Baily und Margaret M. Blair, »Productivity and American Management«, in: Robert E. Litan, Robert Z. Lawrence und Charles L. Schultze, Hg., *American Living Standards: Threats and Challenges*. Washington/ D.C.: Brookings Institute, 1988, S. 180.

Tabelle 4: Mitgliederzahl der U.S.-Gewerkschaften 1940-1993 in 1000

Jahr	Arbeitende Bevölkerung	Gewerkschafts-mitglieder	Prozentsatz
1940	32,376	8,717	26,9
1945	40,394	14,322	35,5
1950	45,222	14,267	31,5
1955	50,675	16,802	33,2
1960	54,234	17,049	31,4
1965	60,815	17,299	28,4
1970	70,920	19,381	27,3
1975	76,945	19,611	25,5
1980	90,564	19,843	21,9
1985	94,521	19,996	18,0
1990	103,905	16,740	16,1
1991	102,786	16,568	16,1
1992	103,688	16,390	15,8
1993	105,067	16,598	15,8

Enthält keine Beschäftigten aus der Landwirtschaft.

Quelle: *The World Almanac and the Book of Facts, 1995*. Mahawah, 1995; S. 154.

Tabelle 5: Zusammensetzung der arbeitenden Bevölkerung nach Alter und Geschlecht und Anteil der Teilzeitarbeit 1969, 1979 und 1989

	1969		1979			
	Anteil an der arbeitenden Bevölkerung in %	davon Teilzeitarbeit in %	Anteil an der arbeitenden Bevölkerung in %	davon Teilzeitarbeit in %	Anteil an der arbeitenden Bevölkerung in %	davon Teilzeitarbeit in %
Alle 16 – 21	12,8	40,6	14,0	41,7	10,3	46,3
Frauen 22 – 44	17,3	22,7	23,1	22,5	27,7	21,9
Frauen 45 – 64	13,2	22,5	11,3	24,4	11,6	23,8
Männer 22 – 64	53,2	3,7	48,9	4,8	47,8	6,7
Alle 65 +	3,5	41,0	2,7	52,9	2,6	52,4
Summe	100 %	15,5 %	100 %	17,6 %	100 %	18,1 %

Enthält keine landwirtschaftlichen Arbeitskräfte

Quelle: Chris Tilly, »Short Hours, Short Shrift: The Causes and Consequences of Part-Time Employment«, in: Virginia L. duRivage, Hg., *New Policies for the Part-Time and Contingent Workforce*. Armonk: M. E. Sharpe,1992; S. 27.

Tabelle 6: Organisation der Arbeitszeit 1991

Charakteristika	Gesamtzahl der Beschäftigten in 1.000	Arbeitseinteilung (prozentualer Anteil)					
		Regelmäßige Tagesarbeit		Schichtarbeiter			
		Gesamtzahl	Arbeitskräfte mit flexiblem Zeitplan*	Gesamt	Abend	Nacht	Rotierend
Gesamt 1991	80.452	81,8	15,1	17,8	5,1	3,7	3,4
Geschlecht							
Männlich	46.308	79,5	15,5	20,2	5,4	4,2	4,0
Weiblich	34.145	85,0	14,5	14,6	4,6	2,9	2,6
Abstammung							
Weiß	68.795	82,6	15,5	17,1	4,6	3,4	3,3
Schwarz	8.943	76,0	12,1	23,3	8,4	5,6	4,7
Latino	6.598	80,3	10,6	19,1	6,4	4,6	2,7
Beschäftigung							
Management und freie Berufe	22.630	89,6	22,1	10,0	1,6	1,4	1,8
technischer, Verkaufs- und Verwaltungs-sektor	24.116	85,9	17,7	13,8	3,5	2,4	2,7
Dienst-leistungen	8.389	57,1	10,5	42,5	14,7	8,7	7,9
Facharbeiter und Arbeiter	13.541	73,4	7,3	26,2	8,6	6,8	4,8

* Ein flexibler Zeitplan erlaubt es den Arbeitskräften, ihre Arbeitszeit zu variieren.

Quelle: U.S. Bureau of the Census, *Statistical Abstract of the United States: 1995*. (115. Aufl.) Washington/D.C.,1995; S. 410.

Tabelle 7: Computernutzung im Rahmen von Bürotätigkeit: 1993

Kategorie	Computernutzer (in 1000)	Anwendungsart*						
		Buchführung	Textverarbeitung	Kommunikation	Analyse/Finanzplanung	Datenbanken	Desk Top Publishing	Verkauf und Telemarketing
Geschlecht								
Männl.	24.414	41,1	45,2	39,4	35,2	25,3	18,1	40,7
Weibl.	26.692	31,6	44,8	38,1	33,8	19,6	14,5	47,8
Abstammung								
Weiß	43.020	37,2	45,8	39,3	35,2	23,0	16,7	45,9
Schwarz	4.016	27,5	38,3	37,3	31,2	16,8	12,9	35,5
Latino	2.492	29,1	45,6	32,1	27,6	18,7	16,0	33,6
Andere	1.578	39,7	39,4	37,2	33,5	22,6	10,2	44,5
Bildung								
Kein Highschoolabschluß	1.190	19,1	54,4	20,4	22,2	9,9	20,6	16,0
Highschoolabschluß	13.307	23,7	52,5	29,4	25,8	13,3	17,6	30,8
Abgebr. Stud.	11.548	33,5	49,5	38,5	33,9	20,6	18,0	40,9
Zweijähriges Studium	5.274	37,5	47,0	39,7	34,7	21,7	14,9	41,6
Bachelor	13.162	46,9	40,0	45,1	41,5	28,8	17,0	54,8
Magister	4.628	47,9	29,3	48,5	41,9	35,3	10,4	63,8
Promotion oder Hab.*	1.999	42,8	27,9	45,9	39,2	28,3	5,2	66,5

* Eine Person kann in mehr als einer Anwendungsgruppe gezählt werden.

Quelle: U. S. Bureau of the Census, *Statistical Abstract of the United States: 1995*. (115. Aufl.) Washington/D.C.,1995; S. 410.

Tabelle 8: Einkommen von Arbeitskräften in den achtziger Jahren, ein bis drei Jahre nach einem Stellenwechsel

Einkommen	
Zum Zeitpunkt der Datenerhebung unbeschäftigt	27 %
Einkommen weniger als 80% des vorigen	24 %
Einkommen 80-94% des vorigen	10 %
Einkommen 95-104% des vorigen	11 %
Einkommen 105-120% des vorigen	10 %
Einkommen wenigstens 120% des vorigen	18 %
Gesamtzahl	100 %

Quelle: Congressional Budget Office, *Displaced Workers; Trends in the 1980s and Implications for the Future*. Washington/ D.C.: The Congress of the United States, S. xii.

Tabelle 9: Beschäftigung und Bildung 1990 und Prognose für 2005

	1990 in %	2005 in %	Unterschied in %
1. Tätigkeiten, die keinen Hochschulabschluß erfordern	81,0	78,1	- 2,9
2. Tätigkeiten, die Hochschulabschluß erfordern	19,0	21,9	+ 2,9
2a. Spezifizierte Tätigkeiten mit Hochschulabschluß			
leitende Angestellte, Verwaltung und Management	5,5	6,2	+ 0,7
Ärzte und akademische Dienstleister	9,6	10,8	+ 1,2
Techniker	1,0	1,4	+ 0,4
Verkaufs- und Aufsichtspersonal	1,8	2,3	0,5
Alle anderen Tätigkeiten	0,9	1,1	0,2
3. Gesamtzahl der Beschäftigten in Tausend	122.573	147.191	

Quelle: Bureau of Labor Statistics, *Monthly Labor Review*, 115, 7. Juli 1995, S. 15.

Tabelle 10: vgl. Tabelle 4
Gewerkschaftsmitgliedschaft im öffentlichen und privaten Sektor: 1983-1994

Sektor	1983	1985	1990	1994
(in 1000)				
öffentlich beschäftigte Gewerkschaftsmitglieder	5.737,2	5.743,1	6.485,0	7.091,0
privatwirtsch. beschäftigte Gewerkschaftsmitglieder	11.980,2	11.253,0	10.254,8	9.649,4
(in Prozent)				
öffentlich beschäftigte Gewerkschaftsmitglieder	36,7	35,7	36,5	38,7
privatwirtsch. beschäftigte Gewerkschaftsmitglieder	16,5	14,3	11,9	10,8

Quelle: U. S. Bureau of the Census, *Statistical Abstract of the United States: 1995*. (115. Aufl.) Washington/D.C.,1995; S. 443.